DEVELOPING COMPREHENSIVE COMPLIANCE PROGRAMS FOR CHINESE ENTERPRISES: PRACTICAL GUIDANCE

中国企业全面合规体系建设实务指南

刘相文　王德昌　刁维俣　赵　超　王　涛　著

中国人民大学出版社
·北京·

序　言

古语云：不以规矩，不能成方圆。国家的“规矩”是法律法规，旨在定分止争；企业的“规矩”是制度规范，旨在行稳致远；个人的“规矩”是道德信念，旨在立德修身。无论是国家、企业还是我们每个人，都要依照、遵循一定的规则。只有这样，世界才能有序运转，企业才能畅行商海，人们才能彼此信任。

改革开放四十年，我们见证了中国的综合国力史诗般高歌猛进，到今天中国已经成为全球第二大经济体；与之相伴随的是中国企业的发展壮大，一大批“全球视野、全球运营”的中国企业站在了全球竞争的大舞台上。然而，客观地讲，中国企业的规则意识和法治信仰还远没有跟上时代发展的步伐，合规在“发展”面前常常止步，“野蛮生长”的价值观大行其道。为此，许多中国企业付出了惨痛的代价：巨额的经济损失、管理层锒铛入狱、企业信誉扫地、企业国际化受阻。近年来，地缘政治摩擦和贸易保护主义不断向世界传导压力，中国企业可能因全球经营合规问题直接遭受国家间制裁、禁运、贸易战的影响，或是被卷入跨国行政调查、司法程序中，遭到近乎毁灭性的打击。

近几年，中国政府逐步意识到了企业合规经营的重要性，出台、完善了一系列法律、法规，力图通过中央企业的示范引领，带动中国企业合规管理水平的不断提升。同时，越来越多的中国企业也逐渐认识到，合规能够为企业赢得声誉、尊重、信任；能够使企业在国际市场获得认可和拓展商业机会；能够保护企业的管理层安全履职，减少个人决策责任风险。随着合规的管理价值、经济价值和社会价值被不断发掘，中国企业对合规的认识已从“合规减少风险”升级为“合规创造价值”；心态从“被动合规”转变为“主动合规”；举措上也从传统、零散的局部合规调整发展为与业务链高度融合的全面合规体系建设。对于中国企业，全面建设合规体系的崭新时代已经来临，合规已经成为企业参与全球竞争的“必备通行证”。

作为一名法律工作者，我和我的律师团队是合规大时代的亲历者，也是全面合规体系建设的践行者。我们率先为大型中央企业、民营企业提供全面合规体系建设的法律服务，通过广泛吸收国际上企业合规体系建设的成熟经验和先进做法，高度融合国内企业的经营模式、管理理念、商业文化，从法律的视角探索出了中国企业全面合规体系建设的特色道路。同时，我们将自己在帮助中国企业进行全面合规体系建设中的所知、所做、所思、所悟汇集成本书，奉献给广大读者和社会。我们衷心希望，通过我们的点滴努力，以企业全面合规体系建设为契机和出发点，能够帮助中国企业进一步树立并强化规则意识和法治信仰，引导国人走出“漠视规则”的时代困局，突破发展瓶颈。我们期待中国企业通过全面合规体系建设，能够全面提升管理水平，以崭新的姿态屹立于国际商业社会，赢得全世界合作伙伴的认同、信任和尊重。作为法律人，守护合规价值、践行法治信仰、维护公平正义、为企业发展和社会进步保驾护航，是我们的天职，也是我们的使命，我们为此倍感荣幸！

是为序。

刘相文

2019 年 9 月

目 录

第一章 合规概述

第二章 合规的起源、发展与演变

第三章 构建企业合规管理组织架构

第七章　中国企业海外合规的重点问题

第一章　合规概述

第一节　合规的内涵与外延

讨论企业合规的相关问题，首先需要明确合规的内涵与外延。由于国内语境下所称合规主要指企业合规，加之为表述方便，因而本书范围内的“合规”专指“企业合规”。

2018年11月2日，国资委发布《中央企业合规管理指引（试行）》，其中第2条规定，本指引所称合规，是指中央企业及其员工的经营管理行为符合法律法规、监管规定、行业准则和企业章程、规章制度以及国际条约、规则等要求。2018年12月26日，发改委等七部门联合发布《企业境外经营合规管理指引》，其中第3条规定，本指引所称合规，是指企业及其员工的经营管理行为符合有关法律法规、国际条约、监管规定、行业准则、商业惯例、道德规范和企业依法制定的章程及规章制度等要求。华东师范大学企业合规研究中心编写的《企业合规讲义》称，企业合规是指企业行为符合法律法规及其内部规章制度和商业道德的要求。[①] 胡国辉教授在《企业合规概论》一书中认为，企业合规是指企业的运营遵守相关的法律、法规、准则和规范。[②] 合规是管理科学，既是一个目标，也是一个完整的体系，更是一个持续的过程。[③] 胡国辉教授在讲座中进一步明确，合规要综合考虑法律、法规、强制性规定、自愿性标准、行业规范、合同义务、企业内部制度以及道德规范。[④]

Nitish Singh 博士和 Thomas J. Bussen 在《合规管理》一书中认为，合规意味着遵守规则、法律、标准和政策，也隐含了遵守相关行为准则的责任感和义务。[⑤] 从偏向法律的角度讲，公司合规指设计包括政策、程序、控制和行为在内的一整套正式内部系统，以发现和预防违反法律法规、规则、标准和政策的情况。[⑥] Martin T. Biegelman 在《建立世界级的合规体系》一书中认为，合规是一种符合既定指南、规范或者法律的状态。[⑦]

综合分析国内外对合规概念的论述，我们认为，认识合规的内涵与外延，需要回答两方面问题：一是谁要合规？即合规义务主体问题。二是合哪些规？即合规义务来源问题。

---

① 华东师范大学企业合规研究中心．企业合规讲义．北京：中国法制出版社，2018：1.

②③ 胡国辉．企业合规概论．北京：电子工业出版社，2017：1-2.

④ 中央财经大学新闻网．胡国辉作“合规：法律人的职业蓝海”主题讲座．http://news.cufe.edu.cn/zckx/99963.htm，[2019-03-31]．

⑤⑥ Nitish Singh and Thomas J. Bussen. Compliance Management：A How-to Guide for Executives，Lawyers，and Other Compliance Professionals，4，*AN IMPRINT OF ABC-CLIO，LLC*（2015）．

⑦ Martin T. Biegelman. Building A World-Class Compliance Program：Best Practices and Strategies for Success，8，*John Wiley & Sons，Inc.*（2008）．

（一）合规义务主体

一般认为，合规的义务主体包括企业及其员工。[①] 进一步分析，我们认为，合规的义务主体可以细化为三类：一是企业作为组织本身；二是直接控制或者参与企业决策、经营、管理的主体，包括股东、管理层、经理层、普通员工等，甚至还包括实际控制人；三是与企业经营管理发生联系，从而影响企业本身合规成效的外部主体，主要指客户、供应商、经销商、承包商、中间商等业务伙伴。

企业是合规的当然主体，大量的法律法规直接以企业本身作为规制对象。2012 年 12 月 28 日修订的《中华人民共和国劳动合同法》第 2 条规定，中华人民共和国境内的企业、个体经济组织、民办非企业单位等组织与劳动者建立劳动关系，订立、履行、变更、解除或者终止劳动合同，适用本法。2014 年 4 月 24 日修订的《中华人民共和国环境保护法》第 6 条规定，企业事业单位和其他生产经营者应当防止、减少环境污染和生态破坏，对所造成的损害依法承担责任。类似的规范性文件很多，不再赘述。

值得注意的是，作为合规义务主体的企业，既应当包括央企、其他国企和外企，也应当包括广大民企。总体而言，国内的外企在合规体系建设方面相对于国企和民企更为完善。近年来，由于国内企业尤其是央企海外经营的合规压力不断加大，国资委于 2016 年选定了中石油、中国移动、招商局集团、中铁和东方

---

① 参见《中央企业合规管理指引（试行）》、《企业境外经营合规管理指引》、合规与职业道德领导委员会对合规的定义。

电气五家央企开展合规体系建设的试点工作。在总结上述央企试点经验的基础上，国资委于2018年11月2日发布了《中央企业合规管理指引（试行）》。虽然上述指引仅针对央企，但这并不意味着民企可以忽视合规体系建设。首先，在我国社会主义市场经济体制下，各种所有制性质的企业都以平等民事主体的身份参与市场竞争，市场主体在选择商业伙伴时不会对民企放低要求。无论是国企、外企还是民企，都要严格遵守《民法总则》《合同法》《劳动合同法》《环境保护法》等法律法规，违反法律法规都要承担相应的法律责任。其次，我国民企的种类和数量比较丰富，很多在合规体系建设方面不尽完善，面临的合规调查和执法压力甚至大于央企和外企的。而且，国家尚未为民企制定专门的合规指引，加之民企的实际情况各不相同，这就决定了民企需要根据自身需求摸索建设合规体系，具有很大的挑战性。因此，民企更要加强合规体系建设，增强自身软实力，这样才能在市场竞争中立足。

而企业作为组织，本身无法从事具体行为，必须通过管理层、普通员工等自然人来执行企业意志。上述执行企业意志的个人行为所导致的法律后果，往往由企业直接承担，在很多情况下，上述个人还必须与企业共同承担违规责任。因此，企业合规必须落实到执行企业意志的个人身上。关于这一点，比较直观的体现是刑法、行政法上的“两罚制”，以及民商事领域的职务行为、表见代表、表见代理等制度。2017年11月4日修改后的《中华人民共和国刑法》第31条规定，单位犯罪的，对单位判处罚金，并对其直接负责的主管人员和其他直接责任人员判处刑罚。原国家工商行政管理局于1996年11月15日颁布的《关于禁止商业贿赂行为的暂行规定》第 3 条规定，经营者的职工采用商业贿赂手段为经营者销售或者购买商品的行为，应当认定为经营者的行为。而在民商事领域，员工执行企业意志行为的法律后果，同样往往由企业直接承担。2017 年 3 月 15 日颁布的《中华人民共和国民法总则》第 61 条规定，法定代表人以法人名义从事的民事活动，其法律后果由法人承受。第 62 条又规定，法定代表人因执行职务造成他人损害的，由法人承担民事责任。第 170 条还规定，执行法人或者非法人组织工作任务的人员，就其职权范围内的事项，以法人或者非法人组织的名义实施民事法律行为，对法人或者非法人组织发生效力。

企业合规必须落实到个人合规还体现在，企业通过消化吸收法律法规等外部性规范，根据企业的具体需求和实际情况，制定企业内部管理制度，为企业管理层和普通员工设定行为指引和红线。从针对管理层的公司章程、股东大会议事规则、董事会议事规则、监事会议事规则、总经理办公制度等，到某个业务板块的行为指引，再到普通员工的行为准则，合规体系完善的企业能够为控制、参与企业决策、经营、管理的每一主体定岗定责，明确其合规义务和违规责任。九层之台，起于累土。通过微观层面每一名员工行为的合规，实现中观层面企业每一业务板块和管理部门的合规，才能够进而达致宏观层面整个企业的合规状态。

随着现代行业分工的细化和专业化，大多数企业都逐渐成为产业链中的某个环节，与上下游企业紧密联系、同生共存。如果与某家企业开展业务合作的上下游企业合规体系不完善，那么势必对该企业本身的合规管理构成挑战，企业在不理想的合规大环境中难以独善其身。因此，将合规体系建设严格限定在企业内部，无法达到预期的合规效果，企业必须将合规管理延伸至上下游业务伙伴，为自身创造良好的外部合规环境。实际上，国内外合规体系较为完善的企业都重视对其业务伙伴的合规管理。

从国外来看，以德国巴斯夫股份公司为例，其依据《商业伙伴尽职调查指南》，对商业伙伴进行问卷调查，并利用互联网工具对问卷调查结果进行分析，并根据分析结果决定是否与商业伙伴维持业务关系。巴斯夫曾因商业伙伴尽调结果不理想而终止与其的业务关系，也曾因尽调对象不配合尽调而拒绝与其建立业务关系。此外，巴斯夫还制定内容涵盖环境保护、劳动用工、反腐败等多领域的全球供应商行为准则，以此约束其在全球范围内的供应商。2016 年国资委选定中国移动、东方电气等五家央企作为合规体系建设试点企业，上述央企在全面合规体系建设过程中对标国际，同样重视对商业伙伴的合规管理。例如，中国移动通信集团有限公司通过尽职调查、资质审核、履约把控、后评估、合规承诺等方式，加强对商业伙伴诚信合规情况的监督审查，传导中国移动合规要求，共建诚信合规商业环境。另一家试点央企中国东方电气集团有限公司则进一步完善和优化商业伙伴寻源、评审、管理流程，只选择具有相应资质和良好商业信誉的商业合作伙伴；同时要求对外交往活动和业务往来遵守法律法规和公司管理制度的规定，拒绝一切可能损害公司利益和影响公司声誉的行为。因此，除了企业及其员工，业务伙伴作为能够对企业本身合规成效产生重要影响的主体，同样应当被纳入企业合规体系建设，成为重要的合规义务主体。

（二）合规义务来源

合规义务来源是关于所合之规的范畴。综合国内外实务界和学界对合规义务来源的论述，我们可以对其进行最大范围的列举：法律法规、国际条约、行业标准与准则、商业惯例、党纪党规、企业规章制度、伦理道德与职业操守等。

虽然种类繁多，但在我们的合规体系建设实务中，所合之规主要还是法律法规和企业规章制度，因为这两类规范比较明确具体，有强制约束力和相应的责任后果，是合规的重点。企业内部规范是外部规范在企业内部的投射和反映，大量基础性和核心的企业内部规范必须符合外部规范，或者来源于外部规范的授权。典型的如公司章程、股东大会议事规则等，都是根据《公司法》《上市公司股东大会规则》等制定；再如公司制定劳动用工制度必然要符合《劳动法》《劳动合同法》等的要求。企业合规，必须将遵守外部规范和内部规范相结合。

除了法律法规和企业规章制度外，某些国际组织或者行业协会，如世界银行集团（WBG)、国际检测认证理事会（TIC）等，不仅制定有针对特定主体或者成员的明确的合规指南，而且控制丰富的项目资源为其制裁手段提供支持，只有符合这些组织的合规标准，才能成为该组织成员、获得相应的投标资质等，而违反这些组织的合规要求，则可能遭到该组织制裁，被剥夺参与某些国际项目的机会。因此，特定行业的企业往往还需要遵循相关国际和行业组织的合规标准和要求。

在上述合规义务来源中，有两类争议较大，值得重点探讨。一类是党纪党规，另一类是伦理道德与职业操守。国资委于 2018

年7月出台的《中央企业合规管理指引（试行）》（征求意见稿）第3条将合规定义为：中央企业及其员工对各项工作中所有适用规范的普遍遵循，主要包括法律法规、党内法规、监管要求、商业惯例、行业准则、道德规范等外部合规要求和企业内部规章制度。而2018年11月2日正式颁布的《中央企业合规管理指引（试行）》第2条，则删除了其中的“党内法规”和“道德规范”。首先，相比征求意见稿，《指引》不再保留“党内法规”，从而能够更好地与国际优秀合规实践和通行合规管理体系接轨。其次，由于“道德规范”界限相对模糊，《指引》也未予以保留，从而增强了《指引》的可操作性。

我们首先分析“党内法规”是不是企业合规义务的来源。以央企为例，虽然《指引》最终没有保留“党内法规”，但不可否认的是，我国目前央企的领导体制和实际情况决定了其合规体系建设过程中不可能绕开党内法规。央企高级管理人员一般都兼任该企业党组织领导成员；央企中一般设有党群工作部和纪检监察部，承担着巡视监督、组织工会甚至对外捐赠的相关工作任务；此外，就我们服务过的央企来看，央企中存在不少成文的党纪党规，全面覆盖了党组织成员选任、理论学习、议事规则、巡视工作等方方面面。目前国内进行全面合规体系建设的排头兵主要是央企，央企中存在着大量党纪党规及其执行机构和人员，而且党纪党规在央企治理过程中客观上也发挥着巡视反腐、宣传教育、组织协调等作用，如果在构建合规体系的过程中完全绕开党纪党规，既是对现实的不尊重，也是资源的浪费，还有可能降低企业及员工对党纪党规的重视程度，加大违反党纪党规遭受处分的风险。事实上，我们在为央企提供全面合规体系建设服务的过程中，也一直将遵守党纪党规作为合规体系建设的一部分，取得了比较好的效果。

因此，虽然国外企业没有将党纪党规作为合规义务来源，《中央企业合规管理指引（试行）》也没有将党纪党规正式列入合规渊源，但是国内企业尤其是央企在合规体系建设过程中，却不能回避现实，而是要承认、研究和认清现状，厘清党群纪检部门和其他部门、法律法规和党纪党规的关系，从自身的实际情况出发，将党纪党规合理纳入合规义务来源，发挥其在企业经营管理中应有的作用。

另一项比较富有争议的合规义务来源是伦理道德和职业操守。Martin T. Biegelman 在《建立世界级的合规体系》中指出，知晓并理解法律只是合规的第一步，真正的合规比这更深入全面。① 优秀的合规体系是一种成功的融合：既重视对法律、法规和规则的遵守，又强调伦理道德，从而形成和维持基于价值观和责任感的合规文化，并一直做正确的事情。② 在 Martin 看来，伦理道德和职业操守是合规非常重要的义务来源。③ Nitish Singh 博士和 Thomas J. Bussen 在《合规管理》一书中认为，道德操守是公司合规体系和行为准则的基石。④ 而值得注意的是，国家发改委、中国人民银行等 7 部门联合印发的《企业境外经营合规管理指引》将道德规范列入合规义务来源，而国资委发布的《中央企业合规管理指引（试行）》则没有将道德规范纳入。

在美国，合规到底是基于法律规则还是道德规范的争论直到

---

①②③　See Biegelman，at 5，2.

④　See Singh and Bussen，at 3，4.

20 世纪 80 年代才告一段落，合规最终被认为是守法性和合道德性的统一。[①] 在日本，合规被称为“守法经营”，其中的“法”不仅仅指法律，它包括遵守法律法规、公司内部规定和诚信在内的社会道德准则。[②] 然而，我们在为企业提供全面合规体系建设服务的过程中，企业一般不会强调构建符合道德的合规体系，我们一般也没有直接以符合道德操守作为企业的合规大方向。我们认为，伦理道德规范和职业操守属于广义上企业所需要合的“规”，可以从以下三个方面来理解其与企业合规的关系。

第一，法律法规和内部制度是企业合规的直接规范依据，道德规范和职业操守则是企业合规的间接规范依据。企业所要遵循的各项外部法律和内部管理制度，都可以进行相应的伦理分析。事实上，在遵守法律的过程中，企业也在某种程度上满足了最基本的道德规范和职业操守的要求。例如，强调企业遵守合同法，及时全面履行合同项下义务，其实就是在要求企业践行诚实信用这一基本道德律令。

第二，法律是最低限度的道德，而追求遵守道德规范和职业操守则是高水平合规体系的要求。取法乎上，得乎其中，由于道德操守对企业和员工的要求比法律的要高，因而如果企业有良好的合规风气，那么员工会时时刻刻主动自觉遵守外部法律制度和内部管理规范，甚至在法律知识不足的情况下，他们凭借道德感和责任心也可以避免相当一部分违规受罚的风险。

---

①② 丁继中．如何理解《中央企业合规管理指引（试行）》总则．https：//law. wkinfo. com. cn/professional-articles/detail/NjAwMDAwNDc4MzQ% 3D? searchId = dbaafac9da834fdaafb2cfd8ca7c86e1&index= 1&q =% E4% B8% 81% E7% BB% A7% E4% B8% AD% 20% E5% A6% 82% E4% BD% 95% E7% 90% 86% E8% A7% A3，[2019 - 03 - 31].

第三，企业合规所要遵守的道德规范，具有多元性，但诚信经营是核心。道德规范受到所在地政治清廉程度、经济发展阶段、社会结构稳定程序、社会矛盾缓和程度、社会人群构成和主流人群倾向等因素的影响，通常人们在某些领域对关于企业的道德规范会有共识，但也经常存在分歧。[①] 除了上述造成道德规范多元性的宏观原因，每家企业也会根据自身的成长背景、业务领域和战略目标确立自身的价值观。如：IBM 的核心价值观是“成就客户、创新为要、诚信负责”；通用电气的核心价值观是“坚持诚信、注重业绩、渴望变革”；格力电器的核心价值观是“少说空话、多干实事；质量第一、顾客满意；忠诚友善、勤奋进取；诚信经营、多方共赢；爱岗敬业、开拓创新；遵纪守法、廉洁奉公”；阿里巴巴有六大核心价值观：客户第一、团队合作、拥抱变化、诚信、激情、敬业。虽然很难找到两家核心价值观完全一致的企业，但没有企业不愿意获得诚信经营的名声。我们在讲合规时，往往会在行为规范中强调诚信与道德，甚至把诚信与合规连在一起，等同使用。企业及其员工大多数不合规的行为都可以追溯到诚信问题，从生产假冒伪劣产品到商业贿赂，从侵犯知识产权到违反出口管制禁令，概莫能外。《中央企业合规管理指引（试行）》虽没有将诚信列入合规义务来源，但在第 27 章中规定，积极培育合规文化，通过制定发放合规手册、签订合规承诺书等方式，强化全员安全、质量、诚信和廉洁等意识，树立依法合规、守法诚信的价值观，筑牢合规经营的思想基础，反复强调诚信在合规中的重要性。

---

① 胡国辉. 企业合规概论：9.

（三）合规是过程与结果的结合

从国内外对合规的界定来看，一般将合规定义为企业遵守和符合规则的状态。比如，《中央企业合规管理指引（试行）》第2条规定，本指引所称合规，是指中央企业及其员工的经营管理行为符合法律法规、监管规定、行业准则和企业章程、规章制度以及国际条约、规则等要求。然而，企业合规这一理想状态并不能一蹴而就，而是要经过确保企业及其员工遵守法律、法规、标准、道德操守的持续过程。合规的过程性体现在两个方面：一是前期合规体系建设需要投入时间开展大量工作，比如梳理企业内外部制度、通过现场访谈等方式发现合规风险点、编写合规业务指引和员工行为手册、撰写合规示范条款等；二是合规体系建设完成后，需要维护、运行和更新，开展合规体系评估等，更新、完善企业的合规体系，而且合规体系运行也离不开合规考评、合规培训、合规文化培育、合规风险举报等需要长期开展的合规保障工作。

综上所述，我们认为，合规是指通过建立、维护和运行一整套企业内部管理制度和流程，以确保企业及其员工、其他利益相关方等主体遵守和执行适用于企业的内外部规范。

（四）合规与相关概念的区别

《中央企业合规管理指引（试行）》第4条规定，推动合规管理与法律风险防范、监察、审计、内控、风险管理等工作相统筹、相衔接，确保合规管理体系有效运行。如果不厘清合规管理与法务、纪检监察、审计、风控等工作的关系，则在本已纷繁复杂的企业风险管理版块中再加上合规管理，有可能造成九龙治水、政出多门的混乱局面。

1. 合规与法务

在实务中，国内外很多企业都存在合规部和法务部合二为一的情形；加之严格来讲，合规和法务都致力于实现企业遵守法律、法规和其他适用的规则、标准的状态，是关联度很高的工作，因此两者经常容易混淆。虽然《中央企业合规管理指引（试行）》第 10 条规定，法律事务机构或其他相关机构为合规管理牵头部门，组织、协调和监督合规管理工作，为其他部门提供合规支持；但是这可以理解为将法务和合规这两项职能交由同一部门负责，而非合规和法务是同一职能。

首先，两者的性质不同。合规是一个宏大的管理体系，强调嵌入企业的经营管理，持续不断的合规管理可以改善企业管理组织体系，形成具有较强执行力、程序化的管理制度和流程。[①] 而企业法务侧重于通过具体案件的解决和事项的处理来维护企业的权益，如个案诉讼仲裁、合同的起草、审查、修改，劳动与雇佣，投融资等。

其次，两者的内容不同。法务主要依据法律法规对企业纠纷进行处理，但是合规除了强调企业守法经营，还可能要求企业遵守企业内部规定、国际条约、行业准则、商业惯例、社会道德规范等，所依据的规范较之法务更为宽泛。同时，由于合规需要将规范要求细化和融入企业日常经营管理中，而非简单充当“企业警察”的角色，所以除了依赖法律专业知识，同时也涉及培训、

① 陶光辉．向合规靠近．法人，2018（9）．

人力资源、交流、审计和内控等企业管理内容。[①]

合规和法务有区别也有联系。法务为合规制定标准，提供专业支持；合规将标准嵌入企业业务流程，改善企业的经营管理。公司法务在处理纠纷的过程中可能发现合规风险点和预防风险的关键环节，从而有利于弥补合规漏洞；而优秀的合规管理体系一方面可以减少法律纠纷，另一方面在纠纷可能发生的情况下，帮助提供更多的有利证据和抗辩理由，还可以证明公司已经尽到合规义务，帮助减轻对企业的处罚和相应的法律责任。

2. 合规与审计

内部审计之父劳伦斯·索耶这样给内部审计定义："对组织中各类业务和控制进行独立评价，以确定是否遵循公认的方针和程序，是否符合规定和标准，是否有效和经济地使用了资源，是否在实现组织目标。"[②] 企业内部审计和企业合规同属企业全面风险管理和内部控制体系的组成部分，同样既有区别，又有联系。

就区别而言，首先，合规和审计所要解决的问题不一样。简而言之，合规解决的问题是，企业活动是否符合内外部规范？而审计解决的问题是，企业活动是否达到了预期效果？[③]

其次，两者的性质也有差异。合规着眼于企业的现在和未来，以确保企业活动遵循内外部规范，因而基本上是运行性的；

---

① 陶光辉．向合规靠近．法人，2018（9）．

② 劳伦斯·索耶．索耶内部审计：现代内部审计实务．北京：中国财政经济出版社：4.

③ Jonathan Bowdler. What Is the Difference Between Compliance and Audit?，https：//www. int-comp. com/ict-views/posts/2012/5/11/what-is-the-difference-between-compliance-and-audit/（last visited Mar. 31，2019）.

而内部审计着眼于企业的过去和现在，审查和评估企业内部控制体系是否充分高效，因而基本上是保证性的。① 合规的运行性体现在合规嵌入企业的日常经营管理，因而和业务是紧密联系的；而审计的保证性则要求审计要起到应有的效果，就必须保持高度的独立性。②

最后，合规和审计在企业风险管理中扮演的角色不一样。按照国内外通行的企业风险管理“三道防线”理论和《中央企业全面风险管理指引》第10条、《保险公司合规管理办法》第20条至第23条规定，企业风险管理有三道防线，第一道防线是业务部门，第二道防线是合规部门和合规管理，第三道防线是审计部门。合规管理作为审计部门的前一道防线，其本身也是审计的对象之一。

合规和审计的联系体现在：一方面，审计可以评估合规的有效性，两者之间形成交流反馈。企业审计部门应对企业合规管理的执行情况、合规管理体系的适当性和有效性等进行独立审计。审计部门与合规部门在工作中可以相互沟通审计结果和合规风险的识别和评估情况。另一方面，审计和合规分属不同专业领域，可以互相提供支持，实现“1＋1＞2”的效果。企业合规可以为内部审计提供法律支持，如法律意见和合规意见。企业合规部门开展内部合规调查，特别是涉及反腐败、反商业贿赂、反舞弊等

① Chomwa Shikati. Internal Audit and Compliance：The Difference，https：//medium. com/w-i-t/internal-audit-and-compliance-the-difference-5670fd5df0a2（last visited Mar. 31，2019）.

② Jonathan Bowdler. What Is the Difference Between Compliance and Audit?，https：//www. int-comp. com/ict-views/posts/2012/5/11/what-is-the-difference-between-compliance-and-audit/（last visited Mar. 31，2019）.

事项时，需要企业审计部门提供财务方面的专业支持。

3. 合规与纪检监察

在企业合规管理过程中，反腐败和反商业贿赂一直是重点，而纪检监察工作的重点也常常是反腐倡廉。两者在工作方式上也有共同点，都是软硬结合，既强调用规章制度进行硬性约束，又重视宣传教育和文化培育。[①] 此外，合规强调将合规管理嵌入企业具体工作流程和具体岗位，而纪检监察也在开展嵌入式廉洁风险防控机制建设，不断优化流程梳理，将廉洁要求落到实处。[②] 以上种种联系，使得合规和纪检监察范畴的区分显得不够清晰，但其实两者有明显的区别。

首先，两者的牵头和执行单位不同。《中央企业合规管理指引（试行）》第10条规定，法律事务机构或其他相关机构为合规管理牵头部门，组织、协调和监督合规管理工作，为其他部门提供合规支持。而在实践中，每家企业会根据自身特点单独设置首席合规官、合规委员会、合规专员等机构和岗位，也可能将合规职能直接赋予法务部，以开展合规管理工作。而企业纪检监察工作的牵头和执行部门则相对固定，纪检工作的牵头单位为公司纪委，具体办事机构为纪检监察部门。

其次，两者的规范依据和领域不同。合规的规范依据既包括法律法规、国际条约、行业惯例等外部规范，又覆盖公司自身的制度、政策、标准和流程，甚至还涉及道德操守，其领域横跨反腐败、产品质量、知识产权、劳动用工、环境保护，甚至出口管制等多方面。而纪检监察的规范依据主要是党的章程和其他党纪

---

①② 卞传山．企业合规管理中纪检监察的职责定位．法人，2019（3）．

党规，覆盖的领域主要集中在反腐倡廉、思想政治工作等方面。

再次，两者的工作内容和对象不同。合规的工作内容包括合理搭建合规体系的组织框架，抓准合规的重点领域和关键环节，进行合规风险的识别、分析和评估，企业内外部制度梳理，法律法规库的建设和合规指引的发布等。工作对象从企业领导层到普通员工，还覆盖供应商等商业伙伴。纪检工作是党内监督工作，主要内容是负责维护党的章程和其他党规党纪，检查党的路线、方针、政策和决议的执行情况，协助党委加强党风廉政建设和组织协调反腐败工作。① 纪检监察的工作对象主要是企业内的党员。

最后，两者的违规后果和问责手段不同。如果企业不合规，那么根据行为的严重性和所违反的具体规范，违规主体可能承担民事责任、行政责任或者刑事责任，也有可能因违反劳动纪律被解除劳动合同，还可能因为违规损害企业声誉而丧失交易机会等。而对于违反党纪党规的主体，企业的纪检监察机关有权对违规主体进行监督、执纪和问责，纪委可以根据《中国共产党纪律处分条例》对责任主体进行相应处分。

纪检监察在企业反腐败、思想政治宣传等方面有丰富的经验和资源。因此，企业在合规体系建设过程中，可以整合纪检监察资源，交流借鉴工作方法，让合规管理和纪检监察形成合力，共同建设优秀的企业合规体系。

4. 合规与内控、风险管理

我国《企业内部控制基本规范》第 3 条规定，内部控制是由

---

① 礼鑫，王晖．合规管理与纪检监察异同探析．http：//www. 360doc. com/content/18/0205/23/22551567 _ 728011085. shtml，[2019 - 03 - 31]．

企业董事会、监事会、经理层和全体员工实施的、旨在实现控制目标的过程。内部控制的目标是合理保证企业经营管理合法合规、资产安全、财务报告及相关信息真实完整，提高经营效率和效果，促进企业实现发展战略。我国《中央企业全面风险管理指引》第 3 条规定，企业风险一般可分为战略风险、财务风险、市场风险、运营风险、法律风险等。该指引第 4 条则将全面风险管理定义为：企业围绕总体经营目标，通过在企业管理的各个环节和经营过程中执行风险管理的基本流程，培育良好的风险管理文化，建立健全全面风险管理体系，包括风险管理策略、风险理财措施、风险管理的组织职能体系、风险管理信息系统和内部控制系统，从而为实现风险管理的总体目标提供合理保证的过程和方法。

企业合规、企业内部控制和企业全面风险管理之间有密切的联系。企业内部控制和风险管理的对象都是企业经营过程中的风险，企业全面风险管理主要通过内部控制来实现目标，而合规则是企业内部控制的重要组成部分。

第二节　合规的意义

（一）防范风险

取决于违反的具体规定，企业违规的法律责任后果可能相当严重，对企业的正常经营产生较大的负面影响。2006—2008 年爆出的西门子全球行贿案中，西门子公司及其子公司为了获得交易机会，向十余国政府官员行贿，同时违反了德国和美国的反腐败法。为此，美国司法部、证券交易委员会和德国监管当局对西门子开出总额高达13.45亿美元的罚单，信誉危机、天价罚款一度让这家百年老店陷入前所未有的困境。面对危机，西门子公司一方面对行贿事实供认不讳、积极配合美国和德国政府调查，尽快结束美德两国的法律程序，并获得减轻处罚；另一方面斥资20亿欧元重建"防范—监察—应对"的合规体系。美国司法部称西门子公司"以异乎寻常的努力实施了亡羊补牢和自我清理的措施，建立了最先进的'超一流'的合规体系"[①]。从此，"只做合规的业务"在西门子深入人心，西门子也逐渐从这次危机中恢复过来。2018年《财富》世界500强排行榜，西门子公司排名第66位。

2016年，中兴公司因为违反美国的出口管制禁令，被美国列入禁止出口零部件的"实体清单"。2018年5月9日，中兴通讯发布公告，表示"受拒绝令影响，本公司主要经营活动已无法进行"。后中兴通讯为此支付了14亿美元的罚款和保证金，并且其全体董事会成员辞职。案件暴露了中兴通讯合规体系中的巨大漏洞。首先，中兴通讯因为合规管理的缺陷，没有否决其和伊朗的交易，反而想方设法规避美国的出口管制；其次，在和美国商务部签订和解协议之后，中兴通讯不仅没有借机弥补自身合规漏洞，反而拒不执行和解协议中承诺的条款，最终导致其合规管理的彻底失败。中兴通讯新任CEO徐子阳在向全体员工发出的内部信中称："拒绝令的激活给公司造成了巨大损失，新任管理层将……始终把合规作为企业发展的战略基石……把全部力量聚焦

① 王志乐．合规：企业的首要责任．北京：中国经济出版社，2010：44.

在公司的合规体系建设、业务发展和为客户创造价值上……我们深知公司 33 年一路走来的艰辛和不易，正因如此，我们将全力以赴，保持公司平稳过渡……”

西门子已经浴火重生，而中兴通讯仍然在恢复期，这两则典型案例深刻揭示了企业不合规可能造成的负面影响。反言之，如果企业具备优秀的合规管理，那么我们认为，可以在以下几个方面促进企业的长远健康发展。

在前期，完善的合规体系有助于企业及时识别、并采取措施控制和应对合规风险，消除或降低合规风险对企业造成的负面影响和损失。完善的合规管理一般包括合规风险识别预警机制、合规审查机制、合规风险应对机制等。其中，合规风险识别预警机制能够在全面系统梳理企业合规风险的基础上，对风险发生的可能性、影响程度、潜在后果等进行系统分析，并及时发布预警。合规审查机制则将合规考量纳入重大事项决策、重要合同签订的过程中，为企业经营管理事先“排雷”。而合规管理中的合规风险应对，则旨在针对发现的风险制定预案，采取有效措施，及时应对处置，以最大限度化解风险、降低损失。

而在合规风险转化为合规纠纷或者合规问题时，完善的合规体系可以为企业提供较为完整的案件信息和证据材料，帮助企业发掘更多的抗辩和免责理由。在合规管理较为完善的企业中，业务活动的各个环节都按照内外部规范的要求来进行，会留存更多反映企业合规经营的记录和证据材料。从事实的角度，当企业发生经济纠纷时，无论是主张权利还是提出抗辩，都必须有相应的证据材料作为支撑。从法律的角度，企业的合规管理越完善，在开展业务过程中对义务的履行和权利的主张将越到位，其在法律上主张权利或者提出抗辩的理由就越充足。因此，完善的合规管理能够帮助企业在争议解决中占据事实和法律理由上的优势。

在合规风险转化为合规纠纷或者合规问题时，完善的合规体系本身更是可能直接成为区分企业责任和员工责任、减轻企业法律责任后果的重要考量。从国内法来看，完善的合规管理能够为员工定岗定责，划定行为红线和指引，通过一系列标准、流程压缩员工违规操作的空间，降低因为员工的违规行为导致企业承担责任的法律风险。在这方面，我国立法正在通过制度设计鼓励企业加强自身的合规管理。如《反不正当竞争法》第 7 条规定，经营者的工作人员进行贿赂的，应当认定为经营者的行为；但是，经营者有证据证明该工作人员的行为与为经营者谋取交易机会或者竞争优势无关的除外。如果企业加强商业贿赂方面的合规管理、禁止员工以商业贿赂的方式为经营者谋取交易机会或者竞争优势，那么即使有员工进行商业贿赂，企业也可以证明员工是出于个人目的而非为执行公司意志、为公司利益而贿赂，从而争取免除或减轻责任。同理，《民法总则》第 172 条规定的表见代理制度，同样鼓励企业完善自身的合规体系建设。该条规定，行为人没有代理权、超越代理权或者代理权终止后，仍然实施代理行为，相对人有理由相信行为人有代理权的，代理行为有效。而在审判实务中，在认定相对人是否有理由相信行为人有代理权时，法官会重点关注被代理人对代理人权利外观的形成是否有过错等基本事实。也即，如果企业加强自身合规管理，比如，保管印章、授权审批等流程，减少无权代理人形成权利外观过程中企业自身的过错，那么可以降低法院认定表见代理、从而让企业为员工个人行为承担责任的法律风险。

在鼓励企业用完善的合规体系减轻法律责任方面，国际上和发达国家的制度设计显得更为成熟和完善。国际化标准委《ISO19600：2014合规管理体系—指南》在“介绍”部分指出，在很多法域，法院在认定违法行为应受的相应处罚时，会通过考察企业合规管理体系来判断组织是否合规。美国2004年版的《针对机构实体的联邦量刑指南》则更为明显，规定合规体系不完善的企业将面临更严重的处罚，合规体系不完善的表现包括：组织内的高级管理人员参与、宽恕或者故意忽略违法行为；组织内掌握实权的人员普遍容忍违法行为；该公司之前发生过类似违法行为；组织通过阻碍调查或者指控来妨害司法公正。相应地，该指南规定了若干能实质减轻犯罪所受处罚的考量因素，其中之一就是犯罪发生时，该组织是否具备有效的合规体系。英国2010年出台的《反贿赂法》、法国2016年通过的《关于提高透明度、反腐败以及促进经济生活现代化的2016—1691号法案》，也都有类似规定。

（二）降本增效

不可否认，很多企业加强合规管理，主要是担心违规风险和相应的法律责任后果，这属于“要我合规”的被动型合规。然而，企业合规的目的在于通过建立、运行和维护一整套企业内部系统，实现整个企业遵守内外部制度的健康秩序。这种健康秩序本身就是企业管理成功的表现之一，而且能够帮助企业提高管理效能、节约管理成本。

首先，合规体系建设能够梳理、完善企业内外部制度，让企业管理有制度可以遵循。《中央企业合规管理指引（试行）》第 17 条规定，建立健全合规管理制度，制定全员普遍遵守的合规行为规范，针对重点领域制定专项合规管理制度，并根据法律法规变化和监管动态，及时将外部有关合规要求转化为内部规章制度。合规管理的前提之一是要有“规”可合和合正确的“规”。随着中国特色社会主义法律体系的形成，企业在生产销售、劳动用工、环境保护、知识产权、反腐败、国际贸易、数据保护、反洗钱、证券舞弊等各方面都逐渐有法可依、有法要依；同时，越来越多的国内企业开展海外运营，不可避免要受所在国法律的约束。企业面对纷繁复杂而不断更新的国内外规范，可能不清楚该合哪些规，该如何合规。而合规体系建设首先根据企业的业务特点梳理企业所要遵循的外部规范，找到企业要合哪些“规”，形成制度库，同时将抽象外部制度消化为易于理解的行为指引和红线；然后将企业的内部制度与外部规范进行对照，查漏补缺，更新完善企业的内部制度、标准、政策和流程，为企业提供管理办法、为员工提供行为手册、为业务部门提供专项合规指引。

其次，合规体系建设能够明确企业各部门的权责界限，为管理层和员工定岗定责，避免企业内部管理出现九龙治水、叠床架屋的混乱局面。《中央企业合规管理指引（试行）》第 4 条强调，推动合规管理与法律风险防范、监察、审计、内控、风险管理等工作相统筹、相衔接，确保合规管理体系有效运行，还要求明确管理人员和各岗位员工的合规责任并督促有效落实。企业尤其是大型企业内部存在多个参与企业内部管理的机构，包括审计、风控、法务，甚至纪检监察等，它们的职能交叉重叠，如果不加以统筹，容易浪费资源，出现“1+1<2”的局面。而合规体系建设通过研究相关部门的职能定位，统筹不同机构的运转和衔接，明确管理层和员工的权责，能够化管理资源为管理力量，让企业的各个部门和岗位形成管理合力。

再次，合规管理强调将合规标准和要求嵌入业务流程，实现业务的规范化和标准化，让合规成为企业的日常习惯，从而降低管理成本。《中央企业合规管理指引（试行）》第11条要求业务部门按照合规要求完善业务管理制度和流程，主动开展合规风险识别和隐患排查，发布合规预警，组织合规审查等；在市场交易、安全环保、产品质量、劳动用工、财务税收、知识产权等领域加强合规管理，比如在市场交易领域，要求完善交易管理制度，严格履行决策批准程序，建立健全自律诚信体系，突出反商业贿赂、反垄断、反不正当竞争，规范资产交易、招投标等活动。合规是一个将法律要求融入商业经营的“法商融合”的过程，如果业务开展过程中的合规流程不明确，可能导致业务目的无法实现，比如合同的签订、物权的变动都有其法律程序要求，如果不满足要求，合同被认定无效、货权无法转移，业务开展就是失败的；而且，合规要求不明确，还可能导致业务人员因为担心合规风险而不敢放开手脚开展业务。相反，如果将合规要求嵌入业务流程，把好预防合规风险的第一个关口，那么业务开展必将因为合规风险的降低而更加得心应手。

最后，合规体系建设要求企业从上至下形成诚信合规的文化和风气，有利于提高员工的安全感、信任感和工作积极性，节约管理成本。仅仅依靠外部约束进行企业管理是不够的，只有调动从领导层到普通员工的合规积极性，变“要我合规”为“我要合规”，才能实现整个企业合规体系的流畅运转。而当企业形成诚信合规的风气，在劳动用工、安全生产等各方面进行比较完备的合规管理之后，能够提高员工行为后果的可预测性，减少员工受到的不公平待遇，增强员工对企业的认同感、归属感和相互之间的信任感，激发员工工作的自觉性和积极性，主动避免不合规行为，以较低的成本实现更高的管理效益。

（三）赢得尊重

如前所述，合规体系的漏洞不仅会给企业造成巨大的经济损失，还可能引发企业的信誉危机。反过来，优秀的合规管理是企业诚信经营、以高标准要求自己的直接体现和最佳证明，能够为企业赢得良好的声誉和信任，从而帮助企业获得商业机会、人才招聘等各方面的竞争优势。

首先，合规为企业带来诚信的商业伙伴和优质的商业机会。葛兰素史克在华贿赂案中，葛兰素史克的中国子公司正是通过多家旅行社，以虚增会议规模等方式来贿赂政府官员、医药行业协会、基金会、医院、医生等，从而逃避葛兰素史克自身合规管理的约束。《2016—2017 合规及反商业贿赂蓝皮书》的调研显示，超过 30％的企业是因为第三方合作伙伴对外实施违规行为而受到处罚。由此可见，不合规的商业伙伴，会加大企业本身的违规风险；而诚信经营的商业伙伴，通常意味着优质的商业机会。一方面，现代合规都强调将合规管理延伸到企业产业链的上下游，选择与合规体系完善的商业伙伴合作。另一方面，如果一家企业具备完善的合规体系，那么更有可能引起对商业伙伴有合规要求的企业青睐，而这些企业本身通常也非常重视合规管理工作。合规意味着企业在各方面诚信、可预测并值得信赖，从而降低合作风险。

其次，合规帮助企业吸引和挽留优秀正直的人才。良禽择木而栖，难以想象优秀正直的人才会不被一家诚信经营、合规体系完善的企业所吸引。合规体系完善的企业对人才至少有以下三个方面的吸引力：其一，合规的企业更有能力保证员工获得公平对待。合规包括劳动用工、安全生产等领域，这些都与员工的切身利益密切相关。如果企业能够保证员工在工作中获得尊重、尊严和公平，那么势必吸引和挽留更多人才。其二，合规的企业能够减少员工违规风险，这一点同样吸引人才。如果企业合规管理完善，那么员工可以与正直的上级和同事共事，在低违规风险的环境中工作，从而更倾向于为企业长期效力。其三，诚信合规的企业能够让正直的员工获得成就感、实现自我价值。随着我国经济的发展和生活条件的改善，越来越多的人不再仅仅把工作视为养家糊口的工具，而开始关注工作体验。如果企业秉持自己的价值观、合规经营，那么正直的员工更容易体会到工作的价值和意义，实现自我价值和企业价值的统一，从而对企业更加忠诚。

（四）提高国际营商能力

发达国家的法治环境更为成熟透明，对违规行为零容忍，很多在国内可以使用的经营管理方式照搬到国外不一定能够行之有效，反而有可能遭致处罚。而且，发达国家对企业合规体系的要求更高，只有诚信合规的企业才能获得当地政府的信任、社会的尊重和市场的认可。纵观国际上海外运营取得成功的“百年老店”，无一不靠完善的合规体系保驾护航，即使在因违规引发存亡危机时，也是通过痛定思痛、诚信合规来力挽狂澜、重回正轨。因此，合规是企业参与国际市场竞争的必要条件与核心竞争力之一。

合规帮助企业取得国内外政府的信任，从而享受全球运营的便利条件。企业运营离不开所在地政府机关的监管，而政府机关的精力和监管资源是有限的，不可能对所有的企业都同时进行全面监管。鉴于此，政府可能重点监督合规体系不够完善的企业，而给予合规管理较为完善的企业更多便利。在贸易通关领域，获得经认证经营者（AEO）高级认证可以为企业赢得各国海关的信任，享受通关便捷，从而推动产品更快地进入各国市场。华为技术有限公司是 AEO 高级认证成员之一，据华为贸易合规负责人亚历山大·马龙在 IFCBA 国际会议沙龙介绍，华为之所以能获得并保持 AEO 高级认证成员资格，主要是靠加强内控体系建设和保证贸易安全。① 中国某石油企业在澳大利亚设立的合资公司，同样因为在技术、经济、商务、治理结构和社区及社会五个领域构建了完善的合规管理体系，努力控制技术风险和非技术风险，所以即使在面对澳大利亚严格的项目环境评价报告审核时，相对其他公司依然能够被附加最少的审查条件。② 而且，由于该合资公司在合规方面的优秀表现，当地政府支持其保留核心资源区和对历史遗留恢复地貌义务的工作计划。③

此外，合规能够减少贸易摩擦对企业造成的系统性风险，确

---

① 邓彬彬．解析：为什么华为这么重视 AEO 认证？．http：//www. customs-consult. com/Article/jxwsmhwzmz. html，［2019－03－31］．

②③ 王新红．合规管理体系在海外项目运营中的实践．国际石油经济，2015（11）．

保企业全球供应链的稳定安全。华为 2018 年第十二届核心供应商大会公布的名单显示，华为 92 家获奖核心供应商中，有 33 家来自美国。华为作为国内最具创新力的高科技企业之一，依然十分依赖美国供应商。而在中兴违反美国出口禁令案中，美国之所以能够封杀中兴，归根结底是因为中兴的大量芯片供应依赖于美国芯片企业，一旦断绝供应后，中兴业务即受到巨大打击，库存芯片数量只能维持 2 个月的订单量。① 在中美贸易摩擦的大背景下，2018 年美国采取了很多针对中国企业的措施，比如，通过《外国投资风险评估现代化法案》，强调对来自中国的投资进行国家安全审查；美国司法部牵头发起“中国行动计划”，定点打击中国企业，以应对中国对美国造成的国家安全威胁；美国商务部产业安全局（BIS）宣布将 44 家新增中国企业列入出口管制实体清单（Entity List），切断其国际供应链。

在被针对的情况下，如果中国企业做好合规，那么可以一定程度降低被美国处罚的风险。例如：如果 A 企业与 B 企业签订合同时 B 企业没有上实体清单，但发货前 B 企业上了实体清单，此时如果 A 企业的合规管理比较完善，那么会持续跟踪美国实体清单的变动，从而及时向美国商务部申请与 B 企业进行交易的许可证，避免违规风险。因此，如果企业能够持续保持较高的合规水平，那么即使面临外国立法机关、行政机关的针对性行动，依然能够在最大限度内保障自身的利益。

---

① 环球经济网．美与中兴达成协议中兴事件始末反思．http：//www.chinahqjjw.com/caijingshiye/20180608/31773.html，［2019－03－31］．

（五）确保管理层和员工安全履职

企业重大违规事件一旦发生，除了直接责任人员，企业领导层和管理层很可能也要承担责任，这一点央企、外企和民企都不例外。在中兴违反美国出口禁令案中，作为与美国达成的和解协议的一部分，中兴通讯董事会原有 14 名董事全数辞职，还更换了首席执行官，所幸中兴通讯高管在该案中没有被美国追究个人责任。而在长春长生疫苗案中，长春长生生物科技有限责任公司董事长高俊芳等 15 名高管因涉嫌生产、销售假药罪等被刑事拘留、立案调查。对此，深交所还发布公告，对长生生物科技股份有限公司多名董事、高级管理人员给予公开谴责的处分。而《中央企业违规经营投资责任追究实施办法（试行）》第 23 条规定，中央企业经营管理有关人员任职期间违反规定，未履行或未正确履行职责造成国有资产损失或其他严重不良后果的，应当追究其相应责任。由此可见，违规事件不必然导致管理层承担责任，如果管理层能够证明自己已经正确履行职责，那么可以对企业违规事件免责。以央企为例，央企合规体系建设的重要工作之一，就是梳理包括《中央企业违规经营投资责任追究实施办法（试行）》在内的企业外部制度，廓清企业领导职责权限，划定行为红线，提示违规责任后果，帮助企业领导层和管理层了解如何合规履职。即使将来企业发生违规事件，那么领导层和管理层也可以通过证明自身已经正确履职来免除或者减轻个人责任。

合规管理除了有助于企业领导层安全履职之外，也有利于降低普通员工的违规风险。原银监会在 2016 年 12 月颁布了《关于进一步加强商业银行小微企业授信尽职免责工作的通知》，其中规定“无确切证据证明工作人员未按照标准化操作流程完成相关操作或未勤勉尽职的”，商业银行在责任认定中可对小微企业授信业务工作人员免除全部或部分责任。在合规管理中，企业会制定业务流程、标准，如果员工严格按照企业内部管理制度开展业务，那么即使出现问题，员工也可以主张尽职免责，这反过来也会鼓励员工主动合规。

第二章　合规的起源、发展与演变

自由市场经济强调企业自治，即由企业自行决定其经营管理事务，并参与市场竞争。但绝对的企业自治可能出现负外部性溢出，诱发不正当竞争、环境污染等经济社会问题。一般认为，有效的合规体系能够减少企业违规行为。基于这种假设，监管机关希望通过合理的制度设计，促使企业建立、完善其内部合规体系。这种制度设计包括两个层面：一是如果企业合规体系比较完善，那么监管机关可以减免对企业的处罚；二是监管机关设定“模范”合规体系的标准，据此衡量企业合规体系是否有效。为防范合规风险、减轻违规责任，企业会按照监管机关设定的合规标准进行合规体系建设。监管机关借此将国家意志输入企业自治，“指导”企业进行合规体系建设，抑制企业经营管理过程中负外部性的溢出。

现代企业合规的起源并没有显著的标志性事件。一般认为，合规起源于 20 世纪前半叶的美国，随着 1991 年《针对机构实体联邦量刑指南》的出台而系统化和走向成熟。企业合规在美国发展成熟后，伴随着美国跨国公司的全球运营，逐渐被投射到世界上其他国家，对世界范围内的合规发展产生了深远的影响。

本章拟从合规在美国的起源与初步发展、合规在美国的成形与完善、美国合规体系的全球化三个阶段，梳理现代合规的演变过程。

第一节　合规在美国的起源与初步发展

（一）药食安全与反垄断合规

合规最早可以追溯到成立于 1906 年的美国食品和药物管理局。该局对食品和药物安全的监管促使部分企业开始将合规视为企业运营的一部分。而现代企业合规则正式出现于 20 世纪五六十年代的美国反垄断大潮中，当时众多美国电气设备行业的龙头企业及其高管遭遇串通抬价、瓜分市场等反垄断指控。仅 1961 年，就有 29 家公司和 45 名个人接受反垄断罚款。与此同时，当时的美国联邦交易委员会主席也宣称，如果一家企业建设并执行严密的合规体系，证明其能够迅速纠正违规行为，那么该企业就是可信的。美国政府在反垄断领域的重拳出击加上美国政府监管部门对合规体系的重视，在当时促使很多企业开始建立反垄断合规体系。

（二）反腐败合规

20 世纪 70 年代美国系列财务丑闻和水门事件进一步推动了企业合规体系建设。当时水门事件特别检察官的调查结果显示，1972 年总统选举过程中，大量企业进行了非法政治捐献。证券交易委员会对水门事件的进一步调查，以及美国国税局对特定税收抵扣更为严格的报告程序，发掘出企业界贿赂、回扣成风的证据。同时还发现，美国的跨国企业为获取交易机会，一直使用公司资金贿赂外国政府官员。

鉴于此，美国证券交易委员会为上市公司制定了自愿披露项目，鼓励上市公司进行自查摸底，并主动向证券交易委员会报告违规行为，以获宽宥。同时，证券交易委员会一并使用包括强制企业改变内部运行程序的同意令与建立外部审计等在内的其他执法手段。当时的证券交易委员会还表示，如果企业进行尽职调查、公示结果，并公开宣布停止非法支付，那么证券交易委员会可能考虑不对该企业进行处罚。最终，超过三百家企业自行披露了非法支付，案涉金额接近3亿美元。

行贿成风暴露了当时企业合规体系的漏洞和失灵，让人意识到仅仅依靠企业自我管理抵御违规风险是不够的。当时的企业只给予经理们口头、非正式的工作指导，缺乏规范正式的内部管理流程，无法对董事、经理等管理人员形成有效制约。经理层普遍存在激进冒险、临时决策、行动导向的倾向，一旦违规，企业和经理都要承担相应的法律责任。

针对上述问题，企业广泛制定了道德行为准则加以应对；而自愿披露项目中的停止非法支付宣言，则促使企业制定书面政策处理非法支付。为遏制企业贿赂和恢复公众信任，美国于1977年颁布了《反海外腐败法》，要求上市公司在贿赂、回扣、记账和其他方面执行更为正式的合规政策，尤其是在财务记录和资产分配方面。《反海外腐败法》在美国合规乃至世界发展史上具有标志性意义，一方面是因为该法在反腐败领域具有广泛的域外管辖效力，至今仍然是悬在各国跨国企业头上的“达摩克利斯之剑”；另一方面是因为该法要求企业对资金往来进行准确的会计记录，从而直接介入了企业财务内控体系的建设。关于美国《反海外腐败法》，我们在本书第七章“中国企业海外合规的重点问题”中进行详细介绍，此处不再进一步展开。

（三）金融、国防供应与环境保护合规

20 世纪 80 年代是美国各领域合规问题多发的时代，这也反过来推动了企业在问题领域的专项合规体系建设。

金融行业是 80 年代违规行为高发行业之一，在这一时期发生了大量内幕交易。为此，美国国会于 1988 年制定了《内幕交易与证券欺诈执行法案》。该法案旨在促使证券公司更深入地参与行业监管，对证券行业的员工监管提出了新要求；同时还要求证券公司和投资顾问制定和执行书面流程，防止重要的内幕信息被滥用。此后，证券交易委员会的规定还要求投资公司制定书面行为准则，以遏制代理商的欺诈行为。同时，企业在借贷交易中的违规操作导致大型金融机构破产，令美国联邦存款保险公司捉襟见肘，于是美国国会于 1991 年通过了《联邦存款保险公司法案》，以加强被保险主体的监管。

国防开支浪费和合同欺诈是另一 80 年代曝光度很高的企业违规现象。为强化国防供应领域的规范管理，里根总统甚至建立了国防管理蓝带委员会（下称“帕卡德委员会”）。帕卡德委员会推荐在国防供应行业推广行为准则，同时主张建立自愿向国防部披露供应商违规行为的项目。1986 年 5 月，18 家国防供应商联合起草和发起了“国防工业商业道德和行为倡议”，包含行业自我管理的六大原则，包括但不限于：推广、执行书面合规行为准

则与向有权机关举报违规行为。该倡议经发起后得到积极响应，截至 80 年代末，过半数的国防供应商签署了上述倡议。1986 年，美国国防部建立了自愿披露项目，鼓励内部调查和违法行为早报告。如果供应商主动披露违规行为并配合调查，那么美国国防部和司法部可能酌情减轻对其的行政处罚。之后美国国防部鼓励所有供应商建立合规体系，以及时发现、披露、纠正与政府交易相关的违规行为，并规定了衡量合规体系有效性的若干标准。此外，国防部还建立了供应商风险评估指南项目，以评估供应商合规体系的有效性。如果供应商合规体系比较完善，那么政府可以相应减少监管。

环境保护领域的合规也在这一时期得到发展。1986 年美国环境保护署在《环境审计政策声明》中鼓励公司对设备使用是否符合环保要求进行系统、定期和客观的检查，以确保公司合规体系的有效性，发现潜在的环保违规问题。

第二节　合规在美国的成形与完善

（一）全面合规体系成形

20 世纪 90 年代以前的合规多集中在某些具体领域，从 20 世纪 90 年代开始，企业全面合规体系建设逐渐成形。美国国会于 1984 年颁布了《量刑改革法案》，该法案为触犯同类型联邦法罪名、且具备相似点的罪犯制定量刑指南，指南的具体制定机关是当年成立的美国量刑委员会。美国量刑委员会于 1987 年首次发布《联邦量刑指南》，当时只有七章，且只适用于自然人。1991

年，美国量刑委员会为该指南添加了第八章，即《针对机构实体联邦量刑指南》（下称《量刑指南》）。在制定《量刑指南》时，量刑委员会一开始沿用法经济学的思想，大幅加重对机构实体的刑事处罚，且不加入刑事责任减免条款，希望机构实体在违法获利和违法责任之间进行经济考量，最终作出合规经营的理性选择。鉴于此，美国公司和行业协会先后加入游说，主张将机构实体是否具备完善的合规体系作为减轻刑事责任的重要考量，最终得到量刑委员会的采纳并纳入《合规指南》。《量刑指南》规定了衡量机构实体合规体系是否完善的七项标准，具体包括：

1. 建立合理的标准和程序，以预防和发现犯罪行为。

2. 机构实体领导层必须了解合规体系的内容和运行，合理监督合规体系的执行和有效性。机构实体管理层必须保证自身具备有效的合规体系。高级管理人员个人则应当对合规体系整体负责。机构实体中的个人应当承担合规体系的日常运作责任，定期向包括领导层在内的上级汇报合规体系的有效性。为完成上述职责，必须为个人配备足够的资源、适当的权限和向包括领导层在内的上级汇报的直接渠道。

3. 机构实体应尽合理努力将任何有违法行为或者违反合规体系要求行为的个人排除出组织的实权岗位。

4. 根据受众的岗位和职责，通过培训项目和信息传播，定期、务实地向公司领导层、管理层、经理层、普通员工乃至代理人宣传合规体系标准、程序和其他各个方面。

5. 机构实体应当采取合理行动以便：1）确保机构实体的合规体系得到遵守，包括监督和审计以发现犯罪行为；2）定期评估合规体系有效性；3）建立并公开匿名或保密举报系统，以保证员工或者代理人可以就犯罪行为进行举报或者寻求指导时没有后顾之忧。

6. 激励合规行为，惩罚参与犯罪行为或者未采取合理措施避免、发现犯罪行为，以在整个机构实体范围内持续推广和执行合规体系。

7. 一旦发现犯罪行为，机构实体必须采取合理措施加以应对，并防止将来类似犯罪的发生，包括对机构实体的合规体系进行必要调整。

《量刑指南》的出台标志着现代合规理念与合规标准的成形，在美国乃至世界现代合规发展史上具有里程碑式的意义。因为《量刑指南》不溯及既往，所以在出台后的前几年，监管机关没有据此对企业开出巨额罚单。但从 1995 年开始，《量刑指南》逐渐展露峥嵘，监管机关接连在反垄断和金融犯罪领域开出数亿美元的罚单，引发了企业的广泛关注。此前，只有少数美国企业建立了全面合规体系，《量刑指南》的出台促使这些企业按照《量刑指南》的合规标准审查和改进其现有合规体系；而此前尚未建立全面合规体系的企业则开始按照《量刑指南》的要求建设合规体系。

《量刑指南》经由 1991 年颁布的《霍尔德指南》得到进一步发展。《霍尔德指南》规定，检察官在决定是否对某商业机构提起公诉时，必须考虑该商业机构合规体系的相关情况。2008 年，几经修改的《霍尔德备忘录》被编入《美国联邦检察官手册》，规定全美所有联邦检察官在决定是否起诉一家公司时，必须考虑该公司合规体系的存在与有效性，而衡量有效性的标准，很大程度上来源于上述《量刑指南》规定的七项要求。

（二）合规发展的黄金期

21 世纪最初的五年是美国违规丑闻频发的黑暗时期，同时也是合规发展的黄金时期。2001 年到 2002 年，安然有限公司和世界通信公司等企业发生财务造假丑闻，暴露出美国上市公司治理和财务审计方面存在的严重问题。为加强公司监管、重振投资者信心，美国国会于 2002 年通过《萨班斯—奥克斯利法案》（以下简称《萨班斯法案》），对美国上市公司财务监管中存在的问题进行了针对性规定。

作为美国国内法的《萨班斯法案》适用于所有在美国上市和准备赴美上市的公司，包括外国公司，如中国的新浪、搜狐等，因而对世界范围内的企业经营和合规管理产生了深远影响。概括来讲，该法案的内容主要包括以下几个方面。

一是成立独立的公众公司会计监察委员会（PCAOB），加强审计行业监管。PCAOB 由熟悉财务知识的 5 名专职委员组成，由美国证券交易委员会与美国财政部部长和联邦储备委员会主席商议任命。PCAOB 保持独立运作，不作为美国政府的部门或机构。要求执行或参与公众公司审计的会计师事务所须向 PCAOB 注册登记。PCAOB 有权制定或采纳有关会计师职业团体建议的审计与相关鉴证准则、质量控制准则以及职业道德准则等，有权对会计师事务所进行质量检查，还有权调查、处罚和制裁违反《萨班斯法案》、相关证券法规以及专业准则的会计师事务所和个人。

二是加强公司管理层责任。一方面，法案第 302 节要求首席执行官和首席财务官签字保证公司财务报告中不存在重大的错报、漏报，以及财务报告中的会计报表及其他财务信息在所有重大方面公允地反映了公司的财务状况和经营成果。另一方面，法案第 404 节授权 SEC 制定相应的规定，要求公司年度报告中包含内部控制报告，包括：强调公司管理层建立和维护内部控制系统及相应控制程序充分有效的责任，并且对公司内部控制体系及控制程序有效性进行评价。

三是完善公司审计制度。一方面，法案第 301 节要求所有上市公司董事会设立审计委员会，除了作为公司审计委员会、董事会或者其他董事会委员会成员外，发行证券公司审计委员会成员不能从发行证券公司收受任何咨询费或其他报酬，亦不能成为发行证券公司或其任何附属机构的关联人员。审计委员会有权任命外部审计师，决定其薪酬并监督其工作。同时，法案鼓励审计委员会中设置一名“财务专家”。另一方面，法案第 201 节规定，为增强外部审计师的独立性，禁止负责公司审计的会计师事务所同时为公司提供簿记服务以及为审计客户提供的与会计记录或财务报表相关的其他服务、财务信息系统设计与实施、评估或估价服务、精算服务等被列入禁止清单的非审计服务，未明确列入禁止清单的非审计服务也要经过公司审计委员会的事先批准。

四是规定违反法案的相应处罚。公司首席执行官和财务总监如果未能保证公司提交证券交易委员会之财务报告的合法性和公允性，将面临 50 万美元以下罚款，或 5 年有期徒刑。证券欺诈罪名成立的个人最高可获有期徒刑 25 年，或罚金 500 万美元，而公司违反法案的罚金则最高可达 2 500 万美元。故意破坏、伪造文件以阻止、妨碍或影响联邦调查的行为亦构成犯罪，责任主体面临罚金和/或最高 20 年有期徒刑的刑事责任。

这一时期对合规发展产生重要影响的，还包括 2004 年修订过后的《量刑指南》。《量刑指南》在原先七项标准的基础上，为评估合规体系的有效性规定了更为细致和严格的条款，包括但不限于：培养诚信合规的组织文化；强调管理层对合规体系的监督；加强员工合规培训和宣介；建立内外部风险评估机制。

（三）合规在经济危机后的发展

肇端于 2007 年的次贷危机席卷全美，导致贝尔斯登公司和雷曼兄弟公司两家投行的破产，并引发美国自大萧条时代以来最严重的失业和股灾。为避免经济危机进一步加剧，美国政府出资超过 7 000 亿美元购买华尔街不良资产，救助房地产、汽车和银行等行业，但也导致民众财富缩水。为遏制金融违规、挽回公众信任，美国国会于 2010 年通过了《多德—弗兰克华尔街改革和消费者保护法案》（简称《多德—弗兰克法案》）。

该法案的规则和指南多达数千页，覆盖了几乎整个金融业和国民经济相关行业，包括但不限于：商业贷款、消费贷款、金融衍生品、证券公司、对冲基金、投资银行、检举人，旨在改善金融行业责任制和透明度，避免再次发生经济危机，这是美国金融行业自大萧条时代以来最为深远的一次改革。限于篇幅，本书择要介绍该法案对企业合规体系建设的影响。

《多德—弗兰克法案》第 922 条规定，如果执法回收金额超过 100 万美元，那么美国证券交易委员会必须向提供证券违规举报原始信息的举报人发放 10%～30%的奖励金。法案中此类鼓励举报的规定，促使企业进一步加强合规体系建设。此外，该法案第 619 条规定了“沃尔克规则”，即银行最多可将一级资本的 3%

投资于私募基金和对冲基金；银行不得从事自营业务，但可从事做市交易和对冲交易，银行也可继续交易美国国债；银行可保留利率掉期、汇率掉期等衍生品业务，但必须将农产品掉期、能源掉期等业务分拆到附属公司；同时要求银行机构通过执行内部合规体系，有效遵守“沃尔克规则”。

反腐败合规在这一阶段再次成为热点。以美国对德国西门子股份公司的反腐败执法案为代表，美国司法部和证券交易委员会在这一时期对大量跨国公司进行了反腐败调查和执法。与此同时，美国司法部反诈骗司检察官反复公开强调合规体系的重要性。而且，《反海外腐败法》中的会计条款对发行人施加了会计记录和内部控制方面的要求，禁止个人和企业伪造账册或者规避内控措施。受《反海外腐败法》项下巨额罚款的警示（西门子被罚约 16 亿美元）和会计条款的要求，众多企业不断加强自身的反腐败合规体系建设。

此外，《量刑指南》在 2010 年再次被修订，此次修订虽然不如 2004 年般大刀阔斧，但强调了合规官的独立性，也对企业合规体系建设产生了不小的影响。

第三节　美国合规体系的全球化

在 20 世纪 90 年代以前，合规一直在美国发展演变，在其他国家和地区尚属新鲜事物。然而，大量美国的跨国公司在开展海外运营时仍然受到美国政府部门的监管；同时，其他国家的跨国公司如果在美国上市、向美国市场出口，或者利用美国的通信、金融渠道开展业务活动等，也会受到美国政府的监管。通过以上渠道，美国政府将其国内的合规标准和要求投射到与其发生经济联系的各个国家和地区，实现其合规体系的全球化。与此同时，美国企业所要遵循的合规标准较高，需要花费大量的合规成本，因此，在与来自合规要求较低国家和地区的企业进行竞争时，短期内往往处于劣势。因此，美国也致力于将其合规体系推向全球，推动不同国家和地区建立统一的合规标准，以改善全球公平竞争的合规大环境。

事实证明，美国的上述主观努力和客观实力确实在很大程度上推动了全球合规标准的统一化和美国化。20 世纪 90 年代以后，很多发达国家甚至发展中国家逐步跟上了美国合规发展的步伐，借鉴美国的合规理念和合规制度，并结合国情，出台了本国的合规规范性文件，促使本国企业加强合规体系建设。此外，在美国和其他国家的推动下，很多国际组织也参考美国合规制度，出台了自身的企业合规标准，力求在成员方之间实现合规标准的统一和提高。

（一）合规在美国以外的发展

受美国影响，加拿大竞争署于 1997 年推出了合规体系建设指南，澳大利亚标准局于 1998 年出台了合规体系建设的国家标准——《澳大利亚合规体系标准 AS3806》，并将其应用于若干法律领域。而意大利借鉴美国合规体系更为明显，其于 2001 年通过法令，规定在贪污贿赂案件中，可以将合规体系作为量刑的考虑因素之一，后来逐渐适用到其他领域的量刑。

继世纪之交上述少数国家推动本国合规立法之后，2006 年的西门子全球行贿案极大地推动了现代合规体系在全球范围内的发展。当时，德国西门子股份公司因涉嫌以商业贿赂获取交易机会，同时遭到美国政府和德国政府的调查，最终接受了 16 亿美元罚款等处罚。当调查机关意识到西门子公司非常配合调查，而且致力于改进其合规体系时，没有对其进一步作出更高额的罚款。该案在当时引起全球跨国公司的震动，让它们深刻认识到了合规尤其是反腐败合规的重要性。该案同时也向各国展示了，可以通过量刑立法设计调动企业配合调查和加强合规体系建设的积极性。此后，欧洲、亚洲与拉美地区越来越多的国家开始重视合规。企业在合规标准要求更高的国家和地区进行投资或者交易时，往往更加注意合规体系建设，之后这些企业的母国也开始进行合规领域的立法。

其他国家合规立法比较有特色的是英国《2010 反贿赂法案》。该法案废除了判例法和成文法中关于贪污腐败的多种既有罪名，不区分公职贿赂与商业贿赂，将之统一归纳为行贿罪和受贿罪，同时还新设了贿赂外国公职人员罪和商业机构未有防范行贿罪。法案同时适用于发生在英国和海外的贿赂行为。对于海外个人而言，只要其代表英国机构行事，即使身处国外且没有得到任何来自英国的同意或者帮助，其行为仍然受法案管辖。而对于外国机构而言，只要该机构在英国有全部或部分业务，那么其行为就受到法案管辖。

对于企业而言，《2010 年反贿赂法案》第 7 节规定的“商业机构未有防范行贿罪”尤其值得注意。如果与该商业机构相关的人员为商业机构从事业务过程中，以获取或保持业务或好处为目的贿赂他人，那么无论该贿赂发生在英国还是其他国家，该商业机构都构成“商业机构未有防范贿赂罪”。面对该罪名的指控时，商业机构可以通过证明其具备完善的反腐败合规体系进行抗辩。

（二）合规在国际组织中的发展

除了各个主权国家的合规立法，联合国、经济合作与发展组织、世界银行等国际组织也制定了约束其成员的合规标准和要求，推动了全球合规体系的发展。

1. 经济合作与发展组织《跨国企业准则》

1976 年，作为发达国家俱乐部的经济合作与发展组织制定了《跨国企业准则》（下称《准则》），由该组织加入国政府对在加入国境内或是以加入国为总部开展业务的跨国企业提出了共同建议，明确了符合法律及国际公认标准的商业行为原则，涵盖了环境、人权、信息披露、反腐败等领域。企业对《准则》的遵循是出于自愿，而非法律强制。事实上，《准则》强调遵守国内法是企业的第一要务，建议企业在不违反国内法的范围内，最大程度地践行《准则》要求。

《准则》对跨国公司商业行为的一般建议是尊重人权和推动可持续发展，并促使合作伙伴达到同样标准。具体而言，《准则》从以下方面对跨国公司提出了要求：在信息披露方面，跨国公司应当定期披露关于其运行、组织结构、财务状况、经营状况、员工等方面的信息，并且保持高水平的财务和非财务报告工作。在人权方面，跨国公司应当制定、并在经营管理中跟进实施尊重人权的政策，并消除企业侵犯人权的消极影响，而且，还必须敦促其合作伙伴同样尊重人权。在劳动用工方面，企业必须尊重工会的权利和集体谈判的权利，有效消除强迫劳动和童工现象，并推动雇佣和工作环境中的非歧视原则；企业必须为职工代表协商改善劳动条件，了解企业的经营、重组、清算状况提供信息；企业还应当在条件允许的范围内向员工尽可能多地支付报酬，并做好职业卫生和安全工作。在环境保护方面，企业应当采集和分析自身对环境产生影响的数据，及时向公众和员工通报自身影响环境的情况，并加强对员工的环境保护培训。在反腐败方面，企业应当加强内部控制和合规管理，以遏制腐败现象。在消费者保护方面，企业的产品应当满足法定的卫生和安全标准，为消费者决策提供必要信息，不能欺骗消费者，同时还要为消费者提供司法以外的纠纷解决体制。此外，企业应当尽力遵循运营地政府的科技政策，并和当地研发部门合作；不得从事不正当竞争；依法及时纳税等。

2. 联合国《全球契约》

联合国全球契约组织于 2000 年正式成立，是全球最大的企业公民行动倡议，目前已有一万多家企业成员。该组织倡导企业成员实施贯彻覆盖人权、劳工、环境保护和反腐败等方面的十项基本原则，即“联合国全球契约十项原则”。值得一提的是，不同于美国《反海外腐败法》等法律法规，该组织及其所倡导的原则不构成强制性监管，而是基于自愿的企业公民意识倡议。

联合国全球契约组织对申请加入的企业进行全球数据库审查，如果发现其正在接受联合国或者其他国际金融机构的制裁，那么将拒绝该企业加入。该组织还设立了评估与检验制度（COP），要求企业成员提交关于继续支持全球契约各项原则和计划的声明、关于具体实践的描述以及衡量实践结果的标准。新成员必须在加入后一年内提交 COP 报告，否则将面临取消会员资格的风险。加入联合国全球契约组织，一方面能够反映企业在承担社会责任方面的优秀表现和示范作用，另一方面也可以督促企业在人权、劳工、环保和反腐败等方面对标国际先进水平，进一步完善自身的合规体系。

3. 世界银行集团《诚信合规指南》

《世界银行关于预防和打击国际复兴开发银行贷款和国际开发协会信贷及赠款资助项目中腐败行为的指导方针》规定，世界银行可以对参与世界银行资助项目，从事欺诈、腐败、共谋、胁迫或妨碍行为的个人和实体进行制裁。世界银行规定的制裁包括：谴责信、制裁或永久制裁、有条件解除的制裁、有条件地免于制裁等。前述制裁中的“条件”，一般是指建立符合世界银行标准的合规管理体系。鉴于此，世界银行于 2010 年制定了《诚信合规指南》（下称《指南》），以指导被制裁企业建立满足世界银行要求的合规体系，从而争取解除、免予或者提前终止制裁。

《指南》首先要求企业通过行为准则或者类似文件，明确被禁止行为的种类和范围，尤其要关注企业高风险业务板块。按照世行的合规要求，被禁止的行为主要包括：欺诈、腐败、共谋和强迫等。然后，《指南》分别为董事会、管理层和普通员工界定了其在合规体系建设中的主体职责。在合规体系建设流程方面，在合规体系建设初期，《指南》要求企业管理层综合考虑企业实际情况，评估企业在欺诈、腐败等方面的风险，确保合规体系建设有的放矢。之后要对企业风险进行持续评估，当发现企业现有合规体系不足以应对违规风险，或者未能充分反映外部合规要求时，企业应当及时更新完善自身合规体系。《指南》旨在遏制欺诈、腐败等失信行为，所以对企业自身行为列举了八个相关领域作为其合规体系建设的重点。值得关注的是，《指南》要求企业将诚信合规义务延伸到商业伙伴，并提出了系统要求。对于合规风险易发的财务、合同、决策等环节，《指南》强调通过加强企业内部控制降低风险。最后，《指南》还全面规定了合规培训、合规奖励、违规举报等合规体系运行的多种配套保障机制。

4. 国际标准化组织 ISO 19600《合规管理体系指南》

2014 年，在借鉴澳大利亚合规标准的基础上，国际标准化组织制定并公布了 ISO 19600《合规管理体系指南》，为建立、发展、执行、评估、维护和改进有效的合规管理体系提供指导，适用于所有类型的组织。不同的组织可以根据自身的规模、结构、性质和复杂程度来选择性适用《指南》中的部分条款。

《指南》覆盖以下主题领域：了解合规管理体系的范围和背景；预知关键定义；考察组织领导阶层发挥的决定性作用；了解合规义务的起源；将合规作为风险控制的工具；如何建立合规目标；通过培训增强员工合规意识，建立强大的合规文化；如何制定有效的沟通交流制度并建立文档；通过建立以管理为主导的控制标准，实现合规管理体系的组织所有权；如何实现对合规框架有效性的最佳监控；采取何种必要措施，保证合规计划的持续改进。

《指南》涉及内容主要框架为：组织环境（了解组织及其环境，了解相关方的需求和期望，确定合规管理体系的范围，合规管理体系和良好治理原则，合规义务，识别、分析和评估合规风险）；领导力（领导力和承诺，合规政策，组织角色、职责和权限）；计划（解决合规风险的行动，合规目标和实现计划）；支持（资源、能力和培训，意识，沟通，文件化信息）；运行（运行计划和控制，建立控制措施和程序，外包流程）；效果评价（监控、衡量、分析和评价，审计，管理层评审)；改进（不符合性、不合规和纠正措施，持续改进)。《指南》还规定了合规体系建设的五步法：第一步是识别和评估合规风险；第二步是建立合规制度；第三步是强化合规职责；第四步是合规管理效果评估；第五步是改进合规管理体系。

国际组织的合规标准不仅限于以上重点介绍的四项，还包括经济合作与发展组织于 2010 年发布的《内控、道德与合规良好行为指引》、亚洲太平洋经济合作组织于 2014 年发布的《有效和自愿的公司合规项目基本要素》、巴塞尔银行监管委员会于 2005 年发布的《合规与银行内部合规部门》高级文件等。其中国际标准化组织 ISO 19600《合规管理体系指南》和巴塞尔银行《合规与银行内部合规部门》高级文件更是对中国国内合规发展产生了深远影响，成为中国相关合规规范性文件的蓝本。

（三）全球合规发展的趋势

梳理合规在美国乃至全球范围内的发展历程，可以看出，企业的重大违规行为虽然对经济社会发展产生了负面影响，但反过来也是企业合规尤其是合规早期发展的第一推手，一部合规发展史，就是一部企业违规行为的应对矫正史。虽然世界各国合规发展的进程有快有慢，不同国际组织的合规要求也不尽相同，但纵览合规百年发展史，我们可以从中总结出合规发展的基本态势和一般规律。

1. 由具体领域合规发展为全面合规

现代企业合规经历了从具体领域合规发展为全面合规体系建设的过程。合规发轫于 20 世纪初美国的食品、药品安全监管，之后五六十年代垄断现象频发促使反垄断合规体系出现，70年代的水门事件和企业海外贿赂丑闻直接催生了《反海外腐败法》，而80年代的内幕交易、国防供应欺诈、环境污染等问题进一步推动各个问题领域合规体系的发展。事实上，反腐败合规在企业合规中的地位如此重要，以至于狭义的合规一般就是指反腐败合规。然而从1991年《针对机构实体联邦量刑指南》开始，企业不再只关注某个具体领域的合规，而是着眼于企业经营管理所涉及的各领域，全面识别和防范各方面的法律风险，建设全面合规体系。

2. 由国内合规发展到全球合规

现代企业合规还呈现出从只遵守国内法律法规到还要接受外国政府和国际组织监管的过程。在跨国公司尚未兴起的时代，一家企业只需要关注本国的法律制度和监管框架，着手进行合规体系建设。然而，伴随着经济全球化，越来越多的企业走出国门，在其他国家和地区进行投资、交易，因而势必受到所在国家和地区法律法规的约束。而且，美国等发达国家凭借其强大的综合国力，赋予其众多国内法域外适用效力。外国企业只要与这些国家发生一定程度的联系，就要受到该国政府的监管。

除了外国法律法规，国际组织的合规标准也对企业产生了直接或间接的影响。掌握较多资源和制裁措施的国际组织，其制定的合规标准会对企业更具强制力。由于世界银行集团（WBG）有权禁止有欺诈腐败行为的主体参与世行资助项目，并且将具备符合标准的合规体系作为解除制裁的条件之一，其制定的《诚信合规指南》自然会被众多加强合规体系建设的受制裁企业奉为圭臬。再比如，国际检测认证理事会（TIC）的成员可以获得某些优质项目的投标资格，所以该组织的合规标准和要求会被每一家期待加入该组织的企业认真研究和严格遵循。而不具备上述条件的国际组织，其合规标准可能只具有指导和参考意义。

3. 由被动合规发展为主动合规

合规还经历了从企业迫于监管压力被动搭建合规体系到企业深刻认识合规价值从而主动加强合规体系建设的过程。由于各国法律监管框架逐步完善，各国尤其是以美国为首的发达国家对企业腐败等违规行为采取零容忍的态度，一经查实，动辄处以数千万元、数亿元乃至更高额的罚款，同时还追究企业主管人员和直接责任人员的法律责任。企业作为理性经济人，为减少违规行为和违规导致的上述严重法律责任后果，继续生存和发展，不得不加强合规体系建设。然而，随着世界各地交流的日益频繁，各个国家、国际组织和企业借鉴世界范围内合规体系建设的先进经验和成熟做法，结合自身实际情况，推动了合规体系的不断深入发展。合规从早期的零敲碎打不断精细化、系统化和规范化，融入了企业日常业务流程，为企业管理层、经理层和普通员工定岗定责，深入反腐败、反洗钱、数据保护、出口管制等诸多重点领域，涵盖企业财务、决策等各个关键环节，借鉴了管理学的智力成果。此时，企业按照高标准建设合规体系，不仅能够减少违规风险、减轻违规责任，而且可以提升企业管理效率和水平，在外部赢得市场与美誉，在内部涵养合规文化，从而全方位提升企业市场竞争力，实现长远健康发展。在充分理解“合规创造价值”的内涵后，企业的心态逐渐从“要我合规”转变为“我要合规”，以更加积极主动的姿态加强自身合规体系建设。

第四节　合规在中国的发展

合规的要义是遵守规则。遵守规则的思想我国自古就有，所谓“没有规矩，不成方圆”。在商业领域，我国古代著名的大商人如子贡、陶朱公、胡雪岩等，有影响力的商帮如晋商、徽商等，无不以信义、诚信作为经营之本。但是现代合规理念和合规标准确实属于舶来品，最近十几年才逐渐受到国内企业的关注。改革开放以后我国合规的演变发展大致可以分为三个阶段：第一阶段是改革开放到 21 世纪以前，以以“反腐败”为核心的刑事、行政监管为主，此时“合规”概念尚未被提出，企业合规体系建设处于混沌状态；第二阶段是 2000 年到 2016 年，银行、保险和证券三个高风险金融行业率先建立起比较完善的合规体系；第三阶段是 2016 年以后，“大合规”的概念被提出，开始注重全行业全面合规体系建设。

（一）反腐败合规

21 世纪以前，源于美国的“合规”概念，在国内甚少使用。但是，反腐败作为长久以来困扰企业的问题，一直是我国立法的重要内容。而国有企业作为我国国民经济的重要支撑，其反腐败工作尤其受到重视。改革开放初期的国企反腐败工作主要呈现以下三个特点：一是国家从刑事犯罪层面严厉打击受贿行为；二是禁止企业进行商业贿赂；三是国企开始进行廉洁文化建设。

1. 受贿罪

打击经济领域犯罪活动，确保改革开放顺利推进，是 1978

年以后反腐败斗争的重点。早在 1979 年，中华人民共和国成立后的第一部刑法就设置了“受贿罪”。1982 年，全国人大常委会颁布了《关于严惩严重破坏经济的罪犯的决定》，对刑法中的受贿罪作了修改和补充。其中规定，对于包括国营企业员工在内的所有国家工作人员，“索取、收受贿赂……情节特别严重的，处无期徒刑或者死刑”。在受贿索贿现象比较严重的时代背景下，刑法中受贿罪的严厉规定，对国企相关的腐败行为起到了一定的遏制作用。

2. 商业贿赂

治理商业贿赂，是党风廉政建设和反腐败工作的重要任务。1993 年颁布的《反不正当竞争法》（2017 年修正）首次在法律层面明确禁止商业贿赂行为，其中第 8 条规定，“经营者不得采用财物或者其他手段进行贿赂以销售或者购买商品。在账外暗中给予对方单位或者个人回扣的，以行贿论处；对方单位或者个人在账外暗中收受回扣的，以受贿论处。”第 22 条规定了对商业贿赂行为的处罚，“经营者采用财物或者其他手段进行贿赂以销售或者购买商品，构成犯罪的，依法追究刑事责任；不构成犯罪的，监督检查部门可以根据情节处以一万元以上二十万元以下的罚款，有违法所得的，予以没收”。

随后，国家工商行政监督管理总局于 1996 年发布《关于禁止商业贿赂行为的暂行规定》，对商业贿赂的内涵与外延作出具体规定，从而为工商行政管理机关查处商业贿赂行为提供了执法依据。

3. 廉洁文化建设

1978 年到 20 世纪末是国有企业廉洁发展的革新阶段。在改革开放以前，国企的反腐工作取决于国家政策，处于“国家控制企业”的行政主导模式。改革开放后，公有制企业的发展方向，在以国家政策调节为主的同时，也逐渐实现自我调节和发展，并且开始注重廉洁文化建设。国有企业逐步引进先进的管理体系，运用领导负责、企业承包、工作人员应聘等策略，摆脱了过去公有制时期集体工作与分配的模式。在此过程中，为响应党中央反腐号召，国企开始提倡发扬企业自身在发展历程中的优良传统。国有企业的廉洁文化建设，成为反腐工作中的重要内容。

（二）金融行业合规体系建设

与发达国家类似，我国金融行业企业较早进行了合规体系建设。这是因为，金融业涉及高杠杆、高风险业务，容易发生内幕交易、财务造假等严重违规行为，面临较大的监管压力。在全球化背景下，各国金融机构联系密切，单个机构出现问题可能引发整个金融行业的风险，甚至酿成金融危机。因此，我国金融行业最早与国际接轨，将合规理念与合规标准移植到国内。

尽管我国行政监管层面直到 2006 年才提出关于金融企业的合规体系建设要求，但金融企业的合规实践在此前几年就已经出现。2001 年 10 月，中国银行（香港）有限公司设立“法律与合规部”，将合规纳入法律部门的工作范围。次年，中国银行将其总部法律事务部更名为“法律与合规部”，增加其合规管理职能，迈出了境内银行合规管理的第一步。此后，中国建设银行于 2003 年年初在总行法律事业部下设合规处，中国工商银行在 2004 年设立了内部控制合规部，国内各大银行纷纷进入合规管理探索阶段。

自2006年起，中国银行业监督管理委员会、中国保险监督管理委员会、中国证券监督管理委员会参考巴塞尔银行《合规与银行内部合规部门》高级文件，相继发布合规管理指引，我国的金融行业正式进入了全面合规体系建设时代。

1. 银行业合规体系建设

2005年11月，上海银监局下发了《上海银行业金融机构合规管理风险机制建设的指导意见》，要求上海法人银行和商业银行以及其他银行业金融机构分别于2005年、2006年年底前设立独立的合规部门。这是我国金融监管机构出台的第一份有关合规管理的文件，银行业率先进入合规体系建设阶段。

2006年10月，中国银监会发布了《商业银行合规风险管理指引》，提出加强商业银行的合规管理。该指引规定，合规就是让商业银行的经营活动与法律、规则和准则相一致。该指引还指出，合规管理是商业银行一项核心的风险管理活动，要求加强合规文化建设，明确合规基调，推行诚信与正直的职业操守和价值观念，建立合规风险管理体系、合规绩效考核制度、合规问责制度和诚信举报制度等。《商业银行合规风险管理指引》为国内银行组建合规部门、构建全面合规体系提供了制度依据和行动指南，大大推动了国内银行的合规发展进程。

2. 保险业合规管理

与银行业类似，我国保险业合规发展也呈现出“实践先行”的特点。2004年，中国平安保险（集团）股份有限公司率先成立了法律与合规部门，在国内保险业内开启了合规实践探索。其后，中国人保控股公司、中国人寿保险公司、长城人寿保险公司等也先后设立了法律合规部门。我国保险行业的合规实践，开始与国际接轨。

在制度层面，中国保监会于2006年1月发布了《关于规范保险公司治理结构的指导意见（试行）》。该指导意见首次提出，保险公司董事应当对“合规”“内部控制”等承担最终责任；保险公司应当设立合规负责人职位，并设立合规管理部门。该指导意见的主要内容与巴塞尔银行《合规与银行内部合规部门》高级文件强调的合规原则相一致，与国际化合规理念相契合。

2007年9月，中国保监会正式发布《保险公司合规管理指引》，要求保险行业自2008年1月1日起开展合规体系建设。指引明确了保险公司应当设立合规负责人及合规管理部门，每年对合规政策进行评估，并在合规部门与风险管理部门之间建立协作机制。该指引有力地推动了我国保险公司治理结构、风险管理和内部控制的发展。

3. 证券业合规管理

2007年以前，国内大多数证券公司在合规组织和合规制度建设方面都相对落后，合规体系不太健全。2007年4月，中国证监会下发了《关于指导证券公司设立合规总监建立合规管理制度试点工作方案》，证券公司的合规体系建设工作正式启动。2008年6月，国务院《证券公司监督管理条例》首次以行政法规的形式要求证券公司设立合规负责人。同年7月，中国证监会出台了《证券公司合规管理试行规定》，指出证券公司全体工作人员都应当对自身行为的合规性负责，并在其职责范围内对公司合规管理的有效性承担责任。上述系列规范性文件为国内证券公司合规体系的完善提供了指引。

（三）进入大合规时代

1. 合规监管压力不断加大

与全球背景下合规的发展规律相一致，我国的合规也经历了从具体领域合规发展为全面合规体系建设的过程。而且，我国的全面合规体系建设在很大程度上迫于国内外监管压力，尤其是美国政府的域外管辖。

从国内来看，在产品质量领域，在2018年长春长生疫苗造假案中，国家市场监督管理总局在整改意见中提到，相关疫苗问题处罚偏轻，失察失责，最终该企业被顶格罚款人民币91亿元、吊销《药品生产许可证》，多名高管被批捕入狱，上市公司也面临重大违法退市风险；在金融行业，从2017年到2018年，银保监会处罚违规银行、保险机构近6 000家，处罚相关责任人7 000多人次，禁止一定期限乃至终身进入银行保险业的人员300多人次，以遏制金融乱象。证监会也表示，将继续整合中央和地方派出机构力量，对市场操纵、内幕交易等各类违法行为进行查处和严惩；互联网行业发展快，很多层出不穷的新事物游走在违法边缘，也是国家监管的重点。

除了面临来自中国政府的合规监管压力，布局海外的企业在国外违规，也会受到外国政府和国际组织的调查和处罚。中国企业的合规体系总体而言不是很完善，更容易成为外国政府的执法重点。在反腐败领域，过去十年美国一共在《反海外腐败法》项下执法159件，其中针对中国主体或者与中国相关的高达44件。最近五年，中兴通讯股份有限公司、华为技术有限公司等国内企业因为海外运营合规问题，连续遭遇美国政府的调查与处罚。

2009 年以来，受世界银行制裁的中国企业数量总体呈上升趋势，尤其是最近三年，被列入制裁名单的中国企业显著增多。2017 年，国内受制裁企业数量达到 21 家，2018 年激增到 44 家，而 2019 年仅前五个月，受制裁中国企业已经达到 23 家。中国企业海外运营面临的上述困境暴露出中国企业合规体系存在漏洞，防控合规风险尤其是海外运营合规风险能力薄弱等问题。此时，无论是局限于反腐败等具体领域的合规，还是局限于金融行业的合规，都已经无法应对我国不同行业企业在反腐败、反洗钱、证券舞弊、个人隐私与数据保护、知识产权、出口管制与经济制裁、劳动用工、经济制裁等各个领域可能遇到的合规风险。因此，企业需要培育企业合规文化，搭建企业合规组织框架，完善企业合规运行制度和合规保障机制，为企业内部不同层级、不同岗位的员工定岗定责，将合规融入企业业务流程，防控企业在重点领域和关键环节的风险，以建设全面合规体系，实现“大合规”。

2. 合规法律框架逐步完善

企业合规的重要义务来源是法律法规，没有完善的法律法规，社会发展无法可依，企业治理也无规可合。因此，我国法律体系尤其是围绕企业经营管理的法律法规的逐步完善，是企业加强自身合规管理的必要条件，也是外部驱动力。2011 年 3 月 10 日，吴邦国委员长在十一届全国人大四次会议第二次全体会议上宣布：中国特色社会主义法律体系已经形成。2012 年以来，我国在学习国外先进立法和总结国内监管经验的基础上，持续推动中国特色社会主义法律体系进一步完善，与企业相关的各领域法律法规都逐步走向成熟和细致。如 2017 年《民法总则》及其之后将陆续通过的民法各分则将取代 1986 年的《民法通则》；2019 年的《外商投资法》取代了原来的《中外合资经营企业法》《中外合作经营企业法》《外资企业法》等。如果无法可依、无规可合，也就没有违规的概念和合规的必要；而在法律体系形成之后，企业就被纳入法治的轨道上，要逐渐摆脱之前野蛮生长的路径，实现经营管理的规范化和精细化。不了解法律不构成企业对违法指控的抗辩，因此，企业主动了解、学习和遵守法律就显得很有必要。

除了国内法律法规，外国尤其是美国的法律法规也逐渐构成我国企业合规法律框架的一部分。美国凭借其强大的综合国力，在《反海外腐败法》《萨班斯法案》《出口管制条例》等法律法规中都植入了域外适用条款，类似的英国《2010 反贿赂法案》也有域外适用效力，中国企业一旦违反上述法律法规，可能面临巨额罚款、供应链切断等严重的法律后果。

除了“所合之规”的不断完善，我国的“合规之规”即合规体系标准，也为企业建设合规体系提供了指导。早在 2006 年到 2008 年，银监会、保监会和证监会就发布了金融行业的系列合规风险管理指引。2017 年 12 月，国家质量监督检验检疫总局和国家标准化管理委员会联合发布《合规管理体系指南》(GB/T 35770—2017)，体现了国际一流的合规管理水准。

2018 年 11 月，国资委发布了《中央企业合规管理指引（试行)》。该指引运用企业“大合规”的理念来指导和规范企业合规管理，其中第 4 条第 1 款，将“全面性原则”确立为企业合规管理的第一大原则，要求合规覆盖各业务领域，各层级（包括各部门、各级子企业和分支机构）和全体员工，以及全流程（包括决策、执行和监督)。指引对央企的合规管理提出了全面、系统、务实、严格的要求，成为中央企业合规体系建设的重要指南。

2018年12月，国家发展改革委、外交部、商务部、人民银行、国资委、外汇局、全国工商联等七部门联合印发了《企业境外经营合规管理指引》。该指引适用于对外贸易、境外投资、对外承包工程等“走出去”相关业务的中国境内企业及其境外子公司、分公司、代表机构等境外分支机构，并提出企业合规管理应遵守独立性、适用性和全面性三个原则。在具体内容上，指引为企业经营指明了四大方向，即对外贸易、境外投资、对外承包工程、境外日常经营。此外，指引在合规管理的目标和原则、合规管理架构、合规管理制度、合规管理运作机制、合规风险识别、评估与处置、合规评审与改进、合规文化建设等方面作出了具体规定。总体而言，指引进一步明确了企业各领域的合规问题，为企业提升境外运营合规水平奠定了规范基础。

3. 企业大力推进合规经营

面对逐步完善的合规法律框架和不断加大的外部合规压力，我国企业开始重视合规体系建设和诚信经营。在全面合规体系建设方面，央企起到了业内标杆和排头兵的作用。2016年，国资委指定了五家央企作为合规管理试点企业，包括：中国石油天然气集团有限公司、中国移动通信集团有限公司、招商局集团有限公司、中国东方电气集团有限公司、中国铁路工程集团有限公司。中石油将依法合规作为深化改革、持续发展的基本遵循，提出诚信合规是经营运营的底线和公司发展的基石；公司总部和地区企业强化重大事项、重大决策，特别是各项改革举措的合规论证审查；加强重点领域合规管理，强化“管业务必须管合规”的机制。中国移动正式启动了“合规护航计划”，明确了目标、原则、举措和实施保障，提出了四大方面的20项具体措施。公司还正式发布了《中国移动合规倡议书》，针对市场竞争、反商业贿赂、行政执法配合和信息安全等重点领域发布合规指南等。目前，上述五家央企的合规体系建设已基本完成并初见成效。在之后的2018年，中国中化集团有限公司、中国检验认证（集团）有限公司、华润医药集团有限公司、湖北中烟工业有限责任公司、雷沃重工股份有限公司等各自行业内的知名企业也陆续开展合规体系建设。

值得一提的是，合规体系建设的一个重要方面是对供应商和业务伙伴提出合规要求，尽量与合规管理完善的企业进行合作和交易。如此，通过企业合规向业务伙伴的延伸，可以以点连线、由线到面，拉动更多的企业加强合规管理，形成整个企业界良好的合规风气。可以预见，在当前及未来一段时间内，随着内外部合规压力的不断传导，越来越多的企业会意识到合规体系建设的重要性，从而加入全面合规体系建设的队伍中。

4. 全面合规建设任重道远

国内外合规法律框架持续完善，监管压力不断加大，中国的企业只有具备完善的合规体系，才能够避免遭受处罚，实现平稳运营，这是中国企业立足国内、走向海外的基本条件。然而，国内目前除了向总部合规水准看齐的外企合规管理相对比较完善，央企刚刚完成合规体系建设试点工作，仍处于起步阶段，而大部分国企和民企的合规体系建设尚未或将起步。总体而言，我国企业在合规体系建设方面还有很多工作要做，可谓任重道远。

首先，我国很多企业不够重视合规，缺乏合规文化。由于我国市场经济和法治环境尚不够完善，企业很难独善其身。我国不少企业的第一桶金或多或少都存在合规问题，企业家潜意识里可能认为，如果处处合规，企业无法走到今天。对合规不够重视，缺乏合规文化，企业管理层也就不愿意投入更多的资源进行合规管理。其次，国内企业如何搭建合规组织架构也是难点之一。跨国公司中比较普遍的首席合规官在我国几乎没有；很多企业也没有将合规视为单独的一项职能，而是与法务、审计、风控等混淆不清，遑论单独设立合规管理部门；而且，合规管理也缺乏足够的人员和资源配备。再次，国内企业一般也未能做到将合规要求融入业务流程，让合规成为企业习惯和日常。即使设立了合规管理部门，该部门如何与其他业务部门分工协作，形成合力也是问题。又次，面对种类繁多、不断更新的国内外规范性文件，很多企业并没有及时进行梳理总结，建立起完备的制度库。最后，如何对商业合作伙伴进行尽职调查和管理，如何鼓励和督促商业伙伴也合规经营乃至建立合规体系，在我国也是难题。企业要建成有效的合规体系，并非一朝一夕之功；合规体系即使建成之后，也需要持续不断地维护、运行和更新。因此，我国企业的全面合规体系建设可谓任重而道远。

第三章　构建企业合规管理组织架构

第一节　合规管理职责概述

企业在合规体系建设中的一个重要工作内容就是搭建完善的合规管理架构，协调管理职能和资源配置、强化合规职责及其组织领导。只有在企业的部门、角色、职能、定位等方面满足合规工作要求，部门间汇报路径与协作机制顺畅的前提下，企业的合规工作才能顺利开展。

首先，建立完善的合规管理组织架构是开展合规工作的基本前提。合规管理工作的顺利开展一定要自上而下建立贯穿企业全部机构、人员、流程的管理组织架构。企业全部机构和全体成员都或多或少地承载着合规职责。只有构建起科学的组织架构，才能更好地明确不同层级部门的管理职责和汇报路径，确保企业合规管理体系的高效运行。

其次，完善的合规管理架构是合规工作顺利开展的必要保障。合规管理作为企业的重要内控机制，必然涉及不同部门的协同运作。只有建立完善的合规管理组织架构，才能够使合规、风控、审计、法务、业务等部门充分发挥优势，形成管理合力，将合规管理各项工作落实到位。

最后，完善的合规管理架构更是建立长效合规机制的内在需要。企业的全面合规体系建设并非一蹴而就，而是需要在相当长的一定时期不断地进行巩固和完善。这样一个体系的建立，需要以合规理念的树立、合规机构的设置、合规角色和责任的明确为基础和依托，来保障合规管理工作的稳步推进并长期保持以及业务经营实现稳健运行。

第二节　合规组织架构的搭建：部门、角色、职能

合规组织架构搭建的核心是解决合规管理工作的权力配置问题，其根本目的是保证股东和董事能够准确了公司的合规情况，及时发现、纠正公司内部的合规风险和违规现象，保障公司价值观、目标、战略的顺利实现。

（一）合规管理机构的设立原则

一般而言，公司内部设立合规管理机构应遵循以下三个原则。

第一，独立性原则。“独立”是合规管理机构的核心标准。独立的合规管理机构首先体现在汇报路径的独立。合规管理机构的汇报条线通常是垂直的，即下级合规管理机构向上级合规管理机构、合规管理机构向合规委员会负责，合规管理委员会则直接向董事会负责，相关汇报垂直上报，不受其他部门的辖制。独立的管理机构还应具备充足的权力。从政策制定、流程执行到合规

调查、执纪问责及整改，本质都是“管人”“管事”，没有足够的权威性根本无法开展合规工作。因此，合规机构需要有充分的权力和较高的地位，使其能够影响公司内部管理、顺利完成内部调查任务、有效推进整改。合规管理机构还应配备或能够调动充足的资源，包括人员、经费、设备等硬件条件，保证其不会因此受制于其他部门，或工作无法保质保量完成。

第二，专业性原则。合规的专业性主要体现在法律性。首先，合规的主要义务来源就是法律、法规和行业规范要求，只有合规部门具备专业的法律能力才能准确把握法律法规要求、正确执行法律法规要求。其次，公司的合规体系建设也具有较强的法律性。公司的合规制度搭建相当于公司的“内部立法”，需要将外部制度要求内化成为公司制度，需要一定的“立法经验”。同时，合规调查、执纪问责工作具有更强的法律性。特别是内部调查，涉及调查行为的合法性、证据收集的合法性，以及与后续民事、刑事、劳动争议解决程序的衔接和配合，都是对法律专业要求极高的事项。因此，企业的合规管理机构的设立应当具有专业性，特别是应配备相当规模的法律背景人员。

第三，适当性原则。合规组织架构的搭建要与公司的实际需求成比例，过于繁杂则会导致额外的经营成本，过于简单则可能无法防控风险。企业的合规管理架构首先要与公司的经营模式相一致。比如，全球化运营的企业，特别是业务可能涉及国际制裁及贸易出口管制的企业，应当考虑设置专门的制裁清单审查岗位；中央企业和国有企业则可以依照国资委相关指引搭建合规体系；考虑加入国际行业组织的企业，则要遵守国际通行的要求。

与此同时，企业的合规管理机构还要与其风险防控需求相适应。规模较大、合规风险较为复杂的公司，需要在决策层、管理层、执行层搭建完善的合规管理体系，同时要考虑在重点领域设立专职合规联络人员；而规模较小、合规风险较低的公司，则可以考虑由法务、审计、风险等相关部门履行合规管理职责。

（二）合规管理机构的层级

目前，国内企业设计合规管理机构可以参考的制度依据主要有国资委《中央企业合规管理指引（试行）》（“国资委合规指引”）、发改委《企业境外经营合规管理指引》（“发改委合规指引”），以及国家质检总局和标准委联合发布的《合规管理体系指南（GB/T 35770）》（“标准委合规指南”）。三个制度对合规管理机构的层级进行了不同的表述。其中，国资委合规指引明确了不同部门的合规管理职责；发改委合规指引将合规管理机构划分为决策层、管理层、执行层三个层级，并专门描述了合规管理机构的组成；标准委合规指南则采用组织决策的分析框架，将合规管理机构分为治理机构和最高管理者、合规团队、管理层、员工。

	国资委合规指引	发改委合规指引	标准委合规指南
合规组织架构	在第二章“管理职责”中，将合规管理部门分为董事会、监事会、经理层、合规委员会、合规管理负责人、合规牵头部门、业务部门。	第三章“合规管理架构”明确，“企业可结合发展需要建立权责清晰的合规治理结构，在决策、管理、执行三个层级上划分相应的合规管理责任。”	在5.3组织的角色、责任和权限章节，分别阐述了治理机构和最高管理者、合规团队、管理层、员工的合规职责。

为了便于分析，我们采用发改委的分类标准，把企业的合规管理部门分成三个层级，即决策层、管理层、执行层。其中，决策层主要包括企业董事会、监事会、合规委员会；管理层主要包括总经理、合规负责人；执行层包括合规管理部门以及公司业务部门。

三个层级都在企业的合规管理体系的建立和有效实施中扮演着重要角色，都应当着力推进合规文化的建立，都应当充分了解企业合规管理体系的内容和运行方式，也都应该以自己的言行，明确支持合规、践行合规。同时，各层级由于定位的不同，在合规体系中发挥作用的方式也有所不同。

企业的决策层主要包括企业的董事会、监事会，以及董事会中设立的合规委员会。决策层作为企业合规管理体系的最高负责机构，应以保证企业的合规经营为目的，通过原则性顶层设计解决合规管理工作中的权力配置问题并进行重大事项决策。

企业的管理层通常包括公司总经理、合规负责人。其中，合规负责人可以为首席合规官，也可由总法律顾问兼任。根据企业对合规工作的重视程度，企业可能任命最高管理层中的一员为合规管理部门的总负责人。管理层应分配充足的资源，建立、制定、实施、评价、维护和改进合规管理体系。

企业的执行层包括合规管理部门和各业务部门。这些部门应及时识别归口管理领域的合规要求，改进合规管理措施，执行合规管理制度和程序，收集合规风险信息，落实相关工作要求。

三个层级的合规职责可以归纳如下。

	决策层	管理层	执行层
主要职责	1. 批准合规战略规划； 2. 批准合规基本制度； 3. 完善合规管理体系； 4. 决定合规人员任免； 5. 决定机构设置职能； 6. 提出监督罢免建议； 7. 决定违规人员处理。	1. 搭建合规组织架构； 2. 制订合规战略规划； 3. 批准具体合规制度； 4. 明确合规管理流程； 5. 制止纠正违规行为； 6. 提出决策合规意见； 7. 领导牵头部门工作； 8. 汇报重大合规事项； 9. 起草合规年度报告。	1. 起草具体计划制度； 2. 开展风险识别预警； 3. 重大项目合规审查； 4. 参与重大风险应对； 5. 组织开展检查考核； 6. 指导所属单位工作； 7. 受理违规举报调查； 8. 组织协助开展培训。

（三）决策层：董事会、监事会、合规委员会

企业的决策层应当对企业的合规管理体系负最终责任。决策层应当充分了解企业合规体系的设立和运行，并对合规体系进行有效的监控。在有效的合规体系中，决策层应当发挥如下作用。

● 充分掌握企业的合规风险。了解风险是防范、化解风险的前提。企业的决策层必须保证能够及时获得有关企业合规风险的第一手信息；同时，还要对同行业对标企业的风险充分掌握。

● 审查、批准合规管理体系的关键内容。决策层负责对合规体系的重要部分进行审批，如重大合规制度、风险管理措施、合规委员会的权责等。

● 领导、支持首席合规官。首席合规官需要从决策层获得充分的授权，以有效开展工作；同时，还要赋予首席合规官就企业合规问题直接向决策层进行汇报的路径。

● 对企业合规体系进行反馈。决策层应当对企业合规体系的有效性进行评估，对企业发现重大合规风险时的反应能力进行评估、对首席合规官的合规汇报进行反馈。

● 对管理层的合规管理工作进行监督问责。管理层对合规管

理的有效性承担直接责任，其管理效果必须与决策层的预期相一致。

国资委合规指引、发改委合规指引和标准委合规指南均规定，企业合规体系的决策层主要包括董事会、监事会、合规管理委员会。

1. 董事会、监事会

董事会是股东会的执行机关，对股东负有受信义务。受信义务可以分为忠实义务和注意义务两个方面，前者是指董事要以股东利益最大化为行动的出发点，努力避免利益冲突；后者主要指董事要审慎经营并进行良好的商业判断。落实到合规方面，董事的受信义务意味着其应当尽最大努力确保公司以合法、合规的方式运营。这也是董事会在合规管理中的责任来源。

与此同时，合规管理的重要条件就是最高层的重视，英文通常表述为“Tone From the Top”（“最高层的声音”）。如果缺乏最高层的明确指引，企业和员工就会缺乏对合规的正确认识。因此，董事会作为公司的决策层，发出合规的“正确声音”尤为重要。

依照国资委合规指引，董事会在合规管理中的职责主要体现在战略制订、人事任免和重大决策方面，承担的合规职能包括但不限于：

（1）批准企业合规管理战略规划、基本制度和年度报告；

（2）推动完善合规管理体系；

（3）决定合规管理负责人的任免；

（4）决定合规管理牵头部门的设置和职能；

（5）研究决定合规管理有关重大事项；

（6）按照权限决定有关违规人员的处理事项。

2. 监事会

监事会是公司的内部监督机构，主要作用是防止董事会、管理层滥用职权损害公司和股东利益。监事会的合规管理职能并不突出，主要是监督董事会和高级管理层合规管理职责的履行情况。依照国资委合规指引，企业监事会的合规管理职能通常包括：

（1）监督董事会的决策与流程是否合规；

（2）监督董事和高级管理人员合规管理职责履行情况；

（3）对引发重大合规风险负有主要责任的董事、高级管理人员提出罢免建议；

（4）向董事会提出撤换公司合规管理负责人的建议。

3. 合规管理委员会

合规管理委员会在国际实践中通常在董事会中设立，由具备法律、财务、人事管理背景的董事组成。考虑到中央企业的现有管理架构，国资委合规指引明确了中央企业合规管理委员会可以与企业法治建设领导小组或风险控制委员会等合署。实践中，企业的合规管理委员会还可能以审计与风险管理委员会（如中石油）、风险管理部（招商局集团）、伦理委员会、职业操守委员会等形式出现。在不设董事会的公司中，合规管理委员会也可以由执行董事牵头或公司总经理牵头，并由法律、财务、人事管理方面的最高管理层人员组成。但无论以何种形式组成，其性质都是企业合规管理体系的最高负责机构，负责公司合规管理的总体部署、体系建设及组织实施。

国资委合规指引和发改委合规指引对合规管理委员会的主要

职责进行了概括。

	国资委合规指引	发改委合规指引
合规管理委员会	中央企业设立合规委员会，与企业法治建设领导小组或风险控制委员会等合署： 1. 承担合规管理的组织领导和统筹协调工作； 2. 定期召开会议； 3. 研究决定合规管理重大事项或提出意见建议； 4. 指导、监督和评价合规管理工作。	企业可结合实际设立合规委员会，作为企业合规管理体系的最高负责机构。合规委员会一般应履行以下合规职责： 1. 确认合规管理战略，明确合规管理目标。 2. 建立和完善企业合规管理体系，审批合规管理制度、程序和重大合规风险管理方案。 3. 听取合规管理工作汇报，指导、监督、评价合规管理工作。

但是，作为公司合规管理的最高责任机构，合规管理委员会的职责在实践中要丰富得多，可以进一步包括如下内容：

（1）确保公司的内部制度和合规体系能够准确、有效地反映公司经营相关法律、法规的要求，并能够对相关的合规风险形成有效管控。公司的相关合规风险通常可能包括劳动用工、商业贿赂与腐败、数据保护、环境保护、安全生产等。

（2）管控公司的合规管理部门的组织架构、工作计划、财务预算、人员配置和权责履行情况，以及其独立性、权威性、汇报路径。

（3）审查公司合规官的任命、替换、解雇。审查公司重大合规政策、合规工作内容、合规流程以及管理层的反馈。审查合规关于刑事风险或潜在刑事风险的报告。

（4）管控针对公司、公司董事、高管、雇员或公司雇佣外部机构开展的重大内外部合规调查。

（四）管理层：经理层、合规负责人

管理层主要包括以CEO/总经理为首的公司高级管理团队和首席合规官/合规负责人。管理层在合规管理体系架构中起到承上启下的作用：决策层主要负责重大事项决策，通过监督来控制合规管理体系；执行层则具体从事合规工作。中间环节的组织架构搭建、战略规划制定、合规制度批准、合规决策意见，以及领导牵头部门工作等责任均由管理层承担。同时，管理层还就合规工作向决策层负责、受决策层监督。

1. 经理层

国资委合规指引对经理层的合规职责进行了概括。

（1）根据董事会决定，建立健全合规管理组织架构；

（2）批准合规管理具体制度规定；

（3）批准合规管理计划，采取措施确保合规制度得到有效执行；

（4）明确合规管理流程，确保合规要求融入业务领域；

（5）及时制止并纠正不合规的经营行为，按照权限对违规人员进行责任追究或提出处理建议；

（6）经董事会授权的其他事项。

2. 首席合规官/合规负责人

根据合规领域的国际通行实践，建立了全面合规管理体系的企业通常会任命首席合规官。首席合规官是企业的合规负责人，负责企业合规管理工作具体实施和日常监督。在实践中，最常见的几种首席合规官的任命方式有企业任命总法律顾问兼任首席合规官、任命独立的首席合规官但是向总法律顾问报告、任命独立的首席合规官但是直接向CEO和董事会报告。

国资委合规指引中采用了“合规管理负责人”的概念，而发改委合规指引则更加与国际接轨，明确了企业可以任命专职的首席合规官，也可以由法律事务负责人或者风险防控的负责人担任合规负责人。同时，两项指引还对其职能进行了明确。

	国资委合规指引	发改委合规指引
首席合规官	第九条：中央企业相关负责人或总法律顾问担任合规管理负责人，主要职责包括： （一）组织制订合规管理战略规划； （二）参与企业重大决策并提出合规意见； （三）领导合规管理牵头部门开展工作； （四）向董事会和总经理汇报合规管理重大事项； （五）组织起草合规管理年度报告。	第十一条：企业可结合实际任命专职的首席合规官，也可由法律事务负责人或风险防控负责人等担任合规负责人。首席合规官或合规负责人是企业合规管理工作具体实施的负责人和日常监督者，不应分管与合规管理相冲突的部门。 首席合规官或合规负责人一般应履行以下合规职责： 1. 贯彻执行企业决策层对合规管理工作的各项要求，全面负责企业的合规管理工作。 2. 协调合规管理与企业各项业务之间的关系，监督合规管理执行情况，及时解决合规管理中出现的重大问题。 3. 领导合规管理部门，加强合规管理队伍建设，做好人员选聘培养，监督合规管理部门认真有效地开展工作。

事实上，企业是否任命专人担任合规负责人并无一定之规。以美国司法部（DOJ）为例，其虽然推荐首席合规官应当是独立、专职的，但是未对此进行明确要求，而是更加关注企业的合规职能是否独立运作，以及在开展合规调查时首席合规官是否具有自主权。

（五）执行层：合规部门

合规部门的职责根据企业性质、规模等不同会有所不同。国资委合规指引和发改委合规指引分别概述了中央企业合规管理部门的一般职责和海外经营的企业的合规管理部门职责。

	国资委合规指引	发改委合规指引
合规管理部门	第十条：法律事务机构或其他相关机构为合规管理牵头部门，组织、协调和监督合规管理工作，为其他部门提供合规支持，主要职责包括： （一）研究起草合规管理计划、基本制度和具体制度规定； （二）持续关注法律法规等规则变化，组织开展合规风险识别和预警，参与企业重大事项合规审查和风险应对； （三）组织开展合规检查与考核，对制度和流程进行合规性评价，督促违规整改和持续改进； （四）指导所属单位合规管理工作； （五）受理职责范围内的违规举报，组织或参与对违规事件的调查，并提出处理建议； （六）组织或协助业务部门、人事部门开展合规培训。	第十一条：企业可结合实际设置专职的合规管理部门，或者由具有合规管理职能的相关部门承担合规管理职责。合规管理部门一般应履行以下合规职责： 1. 持续关注我国及业务所涉国家（地区）法律法规、监管要求和国际规则的最新发展，及时提供合规建议。 2. 制定企业的合规管理制度和年度合规管理计划，并推动其贯彻落实。 3. 审查评价企业规章制度和业务流程的合规性，组织、协调和监督各业务部门对规章制度和业务流程进行梳理和修订。 4. 组织或协助业务部门、人事部门开展合规培训，并向员工提供合规咨询。 5. 积极主动识别和评估与企业境外经营相关的合规风险，并监管与供应商、代理商、分销商、咨询顾问和承包商等第三方（以下简称“第三方”）相关的合规风险。为新产品和新业务的开发提供必要的合规性审查和测试，识别和评估新业务的拓展、新客户关系的建立以及客户关系发生重大变化等所产生的合规风险，并制定应对措施。 6. 实施充分且具有代表性的合规风险评估和测试，查找规章制度和业务流程存在的缺陷，并进行相应的调查。对已发生的合规风险或合规测试发现的合规缺陷，应提出整改意见并监督有关部门进行整改。 7. 针对合规举报信息制定调查方案并开展调查。 8. 推动将合规责任纳入岗位职责和员工绩效管理流程。建立合规绩效指标，监控和衡量合规绩效，识别改进需求。 9. 建立合规报告和记录的台账，制定合规资料管理流程。 10. 建立并保持与境内外监管机构日常的工作联系，跟踪和评估监管意见和监管要求的落实情况。

第三节　合规组织架构的新趋势和优秀实践①

以上我们探讨了传统企业合规管理的组织架构。随着企业经营水平的提高，其面对的风险更加复杂和多元。同时，外部监管压力不断增加和变化。因此，企业的合规组织架构也呈现出新的发展趋势。

（一）合规组织向业务环节的渗透更强

不同于以往较为“超脱”的合规组织，合规组织近年来发展的趋势是，在企业宏观层面构建全面合规组织架构的同时，业务环节越来越多地嵌入了常驻合规官员，以保证在“第一道防线”就更好地满足合规要求。

统一的合规管理体系能够为企业建立起宏观、完整的合规组织框架，并就企业合规管理的基础、共性问题进行管控。经营单位的合规官则通常负责本单位层级的合规工作的开展，工作自然会根据本单位实际，如地理位置、产品特点、外部监管要求等，向重点板块倾斜。比如，某生产机械设备的企业在全球运营，但是在某一国家可能对其产品有特殊的监管要求。因此，该国的经营单位就必须考虑所在国的监管要求。

常驻业务板块的合规官很好地平衡了企业自上而下、整体宏观的合规组织架构与具体经营单位的实际需求之间的关系。此类

---

① 本部分主要参考了 PWC：Trends in Compliance Organizational Structures，May 2016.

合规官通常常驻在具体的业务公司，但汇报路径各异（比如直接向经营单位的负责人汇报并同时向合规条线的上级汇报；抑或直接向合规条线上级汇报，并抄送经营单位负责人；在许多企业，常驻具体业务公司的合规官还会通过业务公司的合规官进行汇报）。

（二）以特定合规风险为出发点的理念对其合规组织架构的影响较大

一方面，合规管理强调对企业的“全覆盖”，即合规组织架构要覆盖所有开展经营的企业部门；另一方面，合规管理在近年来也呈现出以风险为出发点进行具体调整的态势。

根据国际先进合规实践，企业在构建全面合规体系时，首先要做的就是根据企业所在地、外部相关方要求、运营特点、过往风险排查情况等对主要的合规风险进行识别和评估。企业上述特点和最终识别出的风险也将最终影响企业的合规管理组织架构。

特别是，传统上合规管理委员会的构成主要由有法律、内审、财务等背景的管理层构成。在强调风险为出发点的合规管理体系中，委员会的组成则更强调多元化和专业化。政府监管、行业、运营等多元化背景的人员越来越多地进入合规管理领域，以更好地应对企业的特定风险领域。一个突出的表现就是，企业设立专门事项的合规官员，充分利用其专业化背景，加强重点领域的合规管理。

（三）合规与其他风控职能部门合作更加紧密

企业的各个职能部门协同配合并不鲜见。但是近年来，各个职能部门更加强调协作，让企业关注到其面临的重大风险。同时，各个职能部门也就监控、防控特定的合规风险进一步厘清了部门间的权责。这不仅体现出应对重大风险时部门间合作的重要性，也体现了企业更加强调不同部门对风险进行全面控制。

（四）合规组织架构的优秀实践

长期以来，跨国公司积累了丰富的合规组织架构建设经验。特别是在全球运营的过程中，如何建立覆盖不同国家的合规体系架构，跨国公司能够提供宝贵的经验。

例如，陶氏化学设立了集团层面的集团职业道德与合规办公室，向董事会负责，主要负责宣传公司职业道德标准、提供职业道德指导和监督跟踪职业道德行动机制；同时，在经营地设置地区职业道德与合规办公室，由陶氏当地负责人、高级财务人员、高级人力资源人员和高级法律人员组成，负责协助报告、调查和处理本地区合规问题。地区职业道德与合规办公室归属于集团职业道德与合规办公室，并受法务总监和董事会下设的董事会审计委员会监督。

再如，杜邦的合规组织架构是由总审计师、首席操守及合规检查专员、杜邦中央职业操守及合规经营委员会、合规监察专员组成的。总审计师和首席操守及合规检查专员向杜邦最高层负责，并领导杜邦中央职业操守及合规经营委员会。杜邦中央职业操守及合规经营委员会和管理层共同倡导和打造最高职业操守标准、实施内部控制和遵守法律的公司文化，帮助员工了解公司对职业操守和合规事宜的管理方式，负责公司范围内的培训计划，并提供有关职业操守和合规方面的信息。值得注意的是，杜邦的中央职业操守及合规经营委员会是由数名资深员工和法律顾问共同组成的。中央职业操守及合规经营委员会领导杜邦遍布全球的合规监察专员。合规监察专员负责职业操守及合规计划的构想和框架、政策和关键绩效指标，并负责确保各业务部门在风险合规领域内有效运作和维持合规计划。

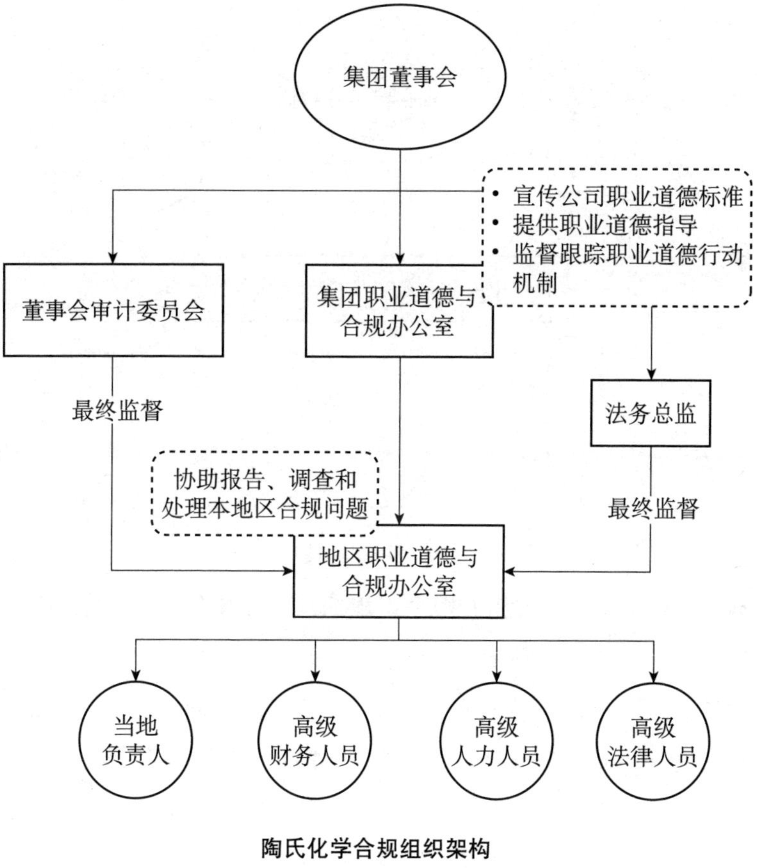

陶氏化学合规组织架构

2016年，国资委印发了《关于在部分中央企业开展合规管理体系建设试点工作的通知》（国资厅发法规〔2016〕23号），将中国石油、中国移动、东方电气集团、招商局集团、中国中铁等五家企业列为合规管理体系建设试点单位。因此，上述中央企业在合规组织架构建设方面也能够为国内企业提供宝贵的经验。

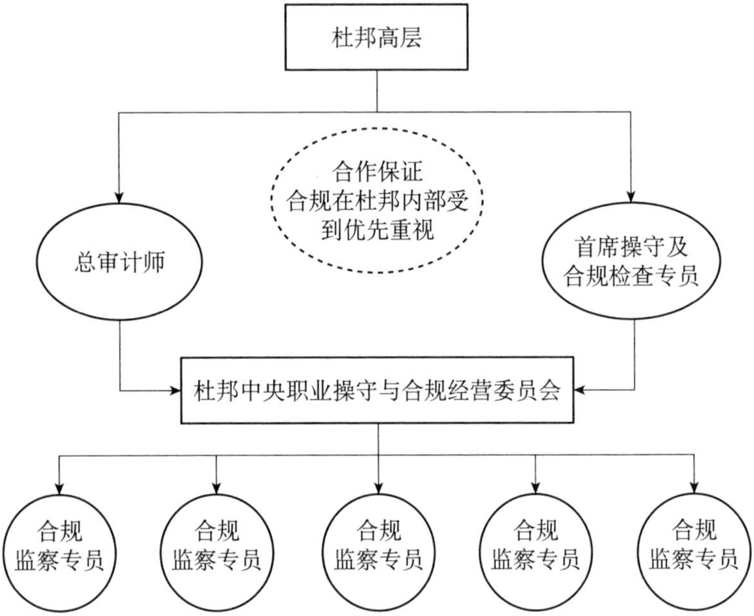

杜邦合规组织架构

例如，某央企股份有限公司根据国资委文件精神，制定了合规管理制度（试行），对合规组织架构进行了全面规定。公司确立了全面性、融合性原则，确保合规管理覆盖所有业务、部门、分支机构、各级子企业和全体员工，以“体系融合”为主线，推动“三重一大”、法律合规、全面风险管理、内部控制、内部审计、纪检监察、职工民主管理等管理体系的有效融合。同时，公司实行“两步走”战略。第一阶段维持相关合规管理体系并行，理清管理界面和接口，避免交叉和冲突，实现资源的集约和共享；第二阶段进行体系融合，逐渐实现合规相关管理体系的一体化。

在该合规管理制度（试行）中，该公司对合规管理组织体系和职责进行了专章规定。该公司合规管理组织体系体现了较为明显的中央企业特点，分为党委纪委、董事会/监事会及经理层、合规管理部门、全体员工等四个层次。各层级权责分工如下。

具体而言，公司党委在合规管理中发挥领导作用，统筹把握工作原则方向；公司纪委发挥监督作用，履行监督职责，调查处理违纪行为。董事会（董事会战略委员会）、监事会、经理层、总法律顾问依照职权履行职责。在合规管理部门方面，公司建立了合规综合、专项、参与管理部门组成的“三位一体”的合规部门管理模式，三部门统称合规管理部门。其中，法律合规部担任合规综合管理部门，董事会日常工作部门、战略规划部门、干部部门、劳资部门、财务部门、审计部门、安全质量监督部门、纪检监察部门、党委组织部门、党委巡视部门、工会部门是合规专项管理部门，公司所有业务部门和分支机构均为合规参与管理部门。此外，公司还确定了全员合规职责，公司主要领导是合规管理的第一责任人，分管领导对分管领域合规管理承担相应管理职责；合规管理部门及部门内设处室负责人承担各岗位相应的合规管理职责。合规管理部门设合规联络员，负责参加联络员会议，本部门风险识别、评估、管控，向法规部报送本部门和系统的合规信息，负责编写本部门年度合规管理报告。公司全体员工需依法履行本岗位职责、主动接受培训、熟知规则、主动识别、报告、控制履职风险、拒绝违规履职行为，遇到合规风险主动寻求合规咨询、合规审核等合规支持。

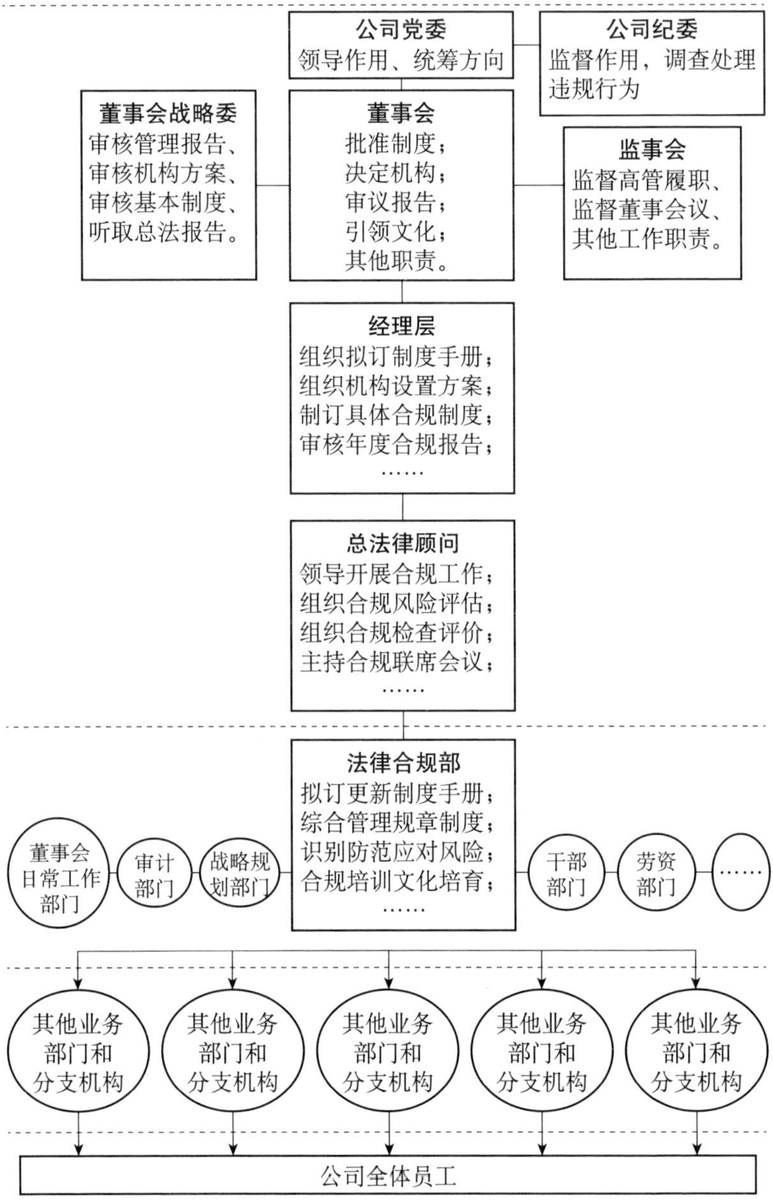

某中央企业合规组织架构

第四章　合规管理制度建设

第一节　企业合规管理制度概述

企业合规管理制度是企业与员工在生产经营活动中需要共同遵守的行为指引、规范和规定的总称，是企业合规管理的核心内容。企业合规管理制度可以通过两个标准进行分类：一是从层级上看，可以包括合规行为准则（Code of Conduct）、合规管理制度、合规业务指南/手册、合规管理工作流程等；二是从针对内容上看，主要包括反商业贿赂、反垄断、安全环保、产品质量、劳动用工、财务税收、知识产权、商业伙伴管理等。前者可以称为合规管理制度的框架，后者可以称为合规管理制度的内容。

合规管理制度相当于企业的"内部立法"。因此，应当秉持一定的原则或"立法精神"。具体而言，企业在建立合规管理制度时应牢牢抓住落实监管要求的底线，以经营风险为导向，制定切合实际、适度合理的制度，并保证易于员工获取和理解。

（一）严格落实监管要求

企业在制定合规管理制度的基本要求就是高度重视外部监管制度要求。事实上，合规管理制度的重要作用之一，就是将强制性监管要求内化为企业的行为规范，避免企业因为违规受到惩罚。因此，企业在制定合规管理制度时，首先要确定需要依照的外部监管制度，其次是要将监管制度要求进行内化。

（二）经营风险作为导向

针对企业经营风险开展合规制度建设是另一重要原则，也是建立有效合规管理制度的根本保证。企业应当充分识别重点风险领域，对应制定制度，并根据风险发生的可能性和影响的大小调整制度的层级和形式。特别是在建立合规管理制度的初始阶段，应避免全面铺开、大而全的方式，防止失去管控重点。例如，对于重大风险，应当设置更加严格的审批流程或设置提升审批级别的“触发点”。对于日常经营中产生、合规风险不高但多发的领域，可以有针对性地制定业务指南，为员工操作提供指引。

（三）针对企业经营实际

“实事求是”是企业合规制度制定的重要原则。企业应当在宏观上充分了解经营所在国家和地区的政治、经济、文化、制度，中观上熟悉企业所在行业、市场、细分领域的客户需求，微观上立足企业的组织架构、经营规模、主营业务和发展方向。根据企业自身实际，识别合规义务、合规风险的重点领域，明确管控要求，最终体现在合规制度当中。

(四) 管控有效适度合理

合规管理制度一是要精要管用，不能脱离实用有效的要求。在制定制度的过程中，要对相关业务的流程和风险环节高度熟悉，同时要充分听取业务经办部门的意见。二是要与公司的业务规模相适应。合规制度的根本目的是为企业创造价值而非徒增成本、阻碍业务开展。因此，合规制度在数量和要求上要适当。同时，还要考虑制度的实际执行效果，避免提出脱离实际难以实现的要求，例如在制度中规定对合作伙伴的过高要求或对员工过于苛刻的管理措施。这样的后果就是制度遭到或明或暗的抵制而无法得到执行。

(五) 易于获取通俗易懂

制度要得到遵守，首先要保证员工的充分了解。制度制定完成后，要采取适当方式，充分向员工公开、披露，保证员工能够迅速、充分了解到相关内容。特别是生产类企业，一线员工较少接触到企业办公系统，就不能仅在公司 OA 系统中公开制度，而是要下发到车间班组。同时，制度要清晰明确、简洁易懂，保证员工能够充分理解。

第二节　合规管理制度的框架

如前所述，企业的合规管理制度可以划分为不同层级的规范性文件，具体应包括合规行为准则、合规管理办法、合规业务手册等。

(一)合规行为准则:企业合规的“宪法”

合规行为准则(Code of Conduct)是企业合规管理制度架构中的首要内容,它奠定了企业合规管理的整体基调,也是企业对外梳理合规形象的重要媒介。合规行为准则整合了一系列行为指引,用以为公司雇员和任何代表公司行事主体的行为提供规范。

从内容上看,企业的行为准则通常包括公司的价值观、公司与员工关系、HSE 与产品质量、商务活动与市场竞争、政府与社区关系、公司财产和财务诚信等内容。目前跨国公司较为流行的趋势是在行为准则中加入政治捐赠、数据保护等内容。但无论如何,行为准则应当聚焦在企业最主要的潜在风险和最核心的合规要求,这一点需要根据企业的行业特点等具体判断。

从形式上看,鉴于行为准则在企业合规管理制度架构中的重要地位,行为准则通常由企业最高领导人,如董事会主席或 CEO 签发,在公司官网“社会责任”板块公示,并在员工入职时发放纸质版。在行为准则的前言中,企业最高领导人通常会通过公开信的形式,简要介绍公司的合规政策、合规目标和愿景,并代表企业作出道德与合规承诺。同时,企业通常还会在手册中设置员工承诺书,要求全体员工签署并承诺遵守行为准则。此外,企业通常会在手册中注明合规的举报渠道,如人员、电话、邮箱等,便于员工对违规事项进行举报。

为提高实用性,行为准则贵在简明扼要、提纲挈领。行为准则无须更无法覆盖所有的合规内容,亦不旨在为员工提供各种情况下的合规指南。行为准则也通常会注明这一局限性,并要求员工在无法确定行为合规性的时候向相关部门或人员咨询,或提供相关部门的联系方式（通常为合规部、人力资源部或法律部等）。企业还可以在行为指引的最后提供关键词检索表，便于员工使用，让员工在遇到类似合规问题的时候乐于参阅指引。当然，也有一些优秀的做法是（如 BP）在行为准则中通过简要的问答形式，为员工行为提供形象的指引。如“问：李明被邀请与竞争者共同参加一个会议，他觉得这次会议的交流可能达成价格一致协议，他是否应该参加？答：不应该；李明应该拒绝该项邀请，并就相关问题向合规部门报告。”

企业通常关心的问题是，如何能使行为准则真正地发挥作用，真正成为内部合规的指引，而非停留在纸面上。正如美国司法部的法律顾问所说：多数的企业都有非常好的“纸面规定”，但是没有将这些制度在实践中应用，这样它们总是会遇到麻烦。实践中，推荐的做法是将指引在企业内部广为印发，并在公司官网上发布，保证全体员工能够顺利获取；如果行为准则有对第三方合作伙伴的要求，则要保证合作伙伴也能够顺利获取。对于跨国公司而言，还应根据业务覆盖的国家和地区以及雇员情况，印发多语种的版本。企业也可以考虑在电子版中搭配短视频，提高行为准则的可读性。最为重要的，是企业要真正执行行为准则的要求。如果准则就相关行为确定了原则和处分要求，那么这些要求必须被严格执行，让企业全员形成对制度的敬畏。

案例 1：BP 的行为准则

BP 现行的 2014 年版行为准则是 BP 致力于正确行为处事的公开声明。它建立在 BP 价值观的基础上，澄清了 BP 对每位员工的职业道德和合规期望，集中针对最重要的原则和期望，让员工运用自己的判断力作出正确的决定，并在有疑问或顾虑的时候报告。准则还援引了 BP 相关要求（公司政策、公司流程和公司实践），包含了其他有益的工具和资源，读者可以通过这些工具和资源了解更多的合规信息。

BP 行为准则的主体框架涵盖了健康、安全和环境，公司的员工、伙伴和供应商、政府和社区，并保护公司财产。每一部分都包括关键原则、期望和了解更多信息的建议。公司相信，在公司的行为准则中拥有同一套价值观、行为和明确的职业道德期望能够帮助公司在全球不同环境中作出一致的选择。

BP 的业务遍布 80 多个国家，因此可能出现当地的法律、法规和风俗习惯与准则相冲突的情况。无论何时，当适用的法律要求与准则发生冲突或分歧时，BP 要求员工遵守最严格的标准，不得遵循与准则相冲突的风俗。

BP 的行为准则适用于公司所有员工、管理人员和董事会成员。BP 希望与公司共事的商业合作伙伴与公司对安全、道德及合规有着共同的承诺。同时，BP 还将行为准则的要求进一步延伸到了第三方合作伙伴。BP 表明，其期望并鼓励公司所有承包商及其员工的行为与 BP 的准则保持一致。如果 BP 相信他们没有达到公司的期望或没有履行合同义务，那么 BP 将采取适当措施。

案例 2：陶氏的“钻石标准”

陶氏设立了业务行为准则——“钻石标准”，为陶氏诚信、尊重他人以及保护环境的价值观制定了一个全面、清晰的框架，能够设定期望并指导员工的行为。该准则概括了很多处理贿赂、政治捐献、平等就业、环境、健康和安全问题的职业道德原则和政策，适用于陶氏和陶氏子公司的所有员工，以及采纳此准则的合资公司的员工。

陶氏要求，员工在任何情况下都有责任避免不当行为。员工必须遵守所有适用法律，坚持陶氏的价值观。在实际的业务中，员工可能会遇到不能轻而易举地找到明确答案的情况，在这种情况下，准则能够为员工提供指导，如果员工遇到疑问，可以寻求帮助。

陶氏在准则所涵盖的众多领域均制定了政策，并采纳了业内和外界的各种最佳做法。如果准则的某一部分与当地适用法律相冲突，则应以法律为准。

（二）合规管理办法：重点领域的制度

行为准则仅仅是企业合规制度架构的第一步，企业还需要根据实际需求制定更加详尽的合规管理政策、制度和流程。这些政策、制度和流程通常是对主要合规风险，特别是监管风险的回应。因此，合规制度的重要任务就是将外部监管的要求内化为企业的内部规定。

我们建议，企业首先应当制定纲领性的合规管理办法，对企业合规的总体原则和要求、机构职责划分、合规管理重点、合规管理运行机制、合规管理保障机制等进行规定。同时，多数企业也会依照监管要求，在各个细分领域规定合规管理办法，如反腐败/商业贿赂、反垄断、数据保护、反洗钱、出口管制等领域的管理办法。

企业可能会有这样的疑问，我们的合规管理办法是否充足？按照我们的经验，集团类企业的总部在仅承担管理职能的情况下，制度就会有100项左右；而生产型企业则会制定更加详细的管理制度，数百项也司空见惯。研究表明，制度过多或过少都会导致企业违规行为的增加。如果合规制度过少，则必然导致合规风险无法被全面覆盖；而过多的管理制度不仅会给企业的经营带来沉重的负担，还会导致员工的抵触。此外，制度要得到实施，必须确保相关的罚则得到有效的实施。制度越多，则企业花费在监督和执纪问责上的精力就越多，可能导致管控疏漏，制度无法得到真正的贯彻。

合规制度应当确立清晰且能够实现的目标。如果设立的目标过于苛刻而无法达成，员工会更倾向于忽视制度要求。同样，如果制度的要求过低，则员工会失去进取的积极性。较为合理的做法是设立易于达到的目标作为底线，并鼓励员工追求更高的目标。同时，企业必须保证制度的目标不低于法律、法规和外部监管机构对企业的要求。

优秀的合规制度应当将上至CEO下至基层员工的权责进行清晰划定。每项制度都应当确定明确的要求对象，并明确相关对象可能承担的责任。如果权责划定不清晰，则容易造成互相推诿，无视制度；而权责清晰的制度则能够做到事事有人管、人人都管事。

（三）合规业务手册：关键领域的细则

在制定了合规管理制度后，企业还应该就重点合规领域制订合规业务手册。一份良好的合规手册不仅能够帮助员工更好地理解企业的合规要求，还能就合规的流程及具体操作提供指南。实践中，企业的合规业务手册通常集中在管理层履职、反商业贿赂、数据保护与网络安全、贸易合规与出口管制、利益冲突与关联交易、商业伙伴管理等领域。

与合规制度不同，合规手册需要对具体的操作事项提供指引。例如，在国际金融公司与深交所联合撰写的《有效董事会—董事手册》中，对如何建立董事会、独立董事的要求、董事长和董秘的任职资格和职权、董事的权利/义务/责任、董事会专门委员会的必要性和种类、董事会会议的召开等内容进行了详细描述。在向某中央企业出具的《出口管制和经济制裁合规指引》中，我们提供了详细的合规自我评估清单，并描述了如何建立涵盖整个流程的出口合规审查，包括管辖权确立以及物项是否受限于出口管制法律管辖，设计内部流程图，进行核查、审查以及解决漏洞的程序，对交易方和交易活动的审查，以及如何进行合规培训、如何保存合规记录、如何进行合规监督和审计评估、如何处理和报告违规行为进行了详尽描述。

同时，我们还建议，企业针对经济制裁和出口管制、反商业贿赂、争议解决、保密义务、不可抗力、反洗钱等常见法律问题制定格式条款，便于在草拟合同时使用。

案例 3

我们在为某大型央企开展合规体系建设时，在反垄断、反商业贿赂、中央企业管理层履职等领域制定了相关合规手册，并拟定了合规示范条款。

(1) 反垄断合规手册

集团公司
M GROUP

《反垄断合规手册》

集团

2018年12月

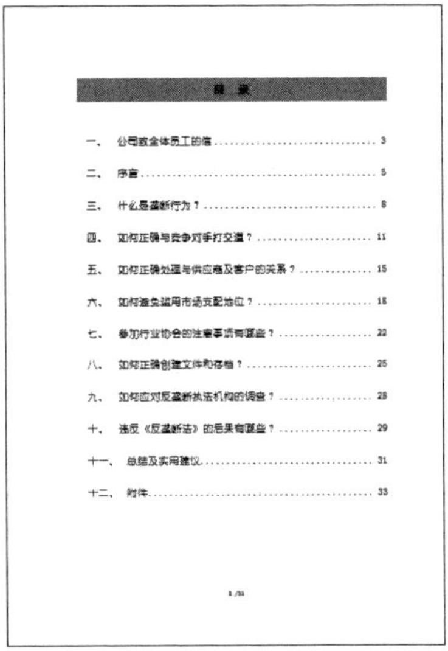

目 录

2/33

(2) 反商业贿赂合规手册

集团公司
M GROUP

《反商业贿赂合规手册》

集团

2018年12月

1

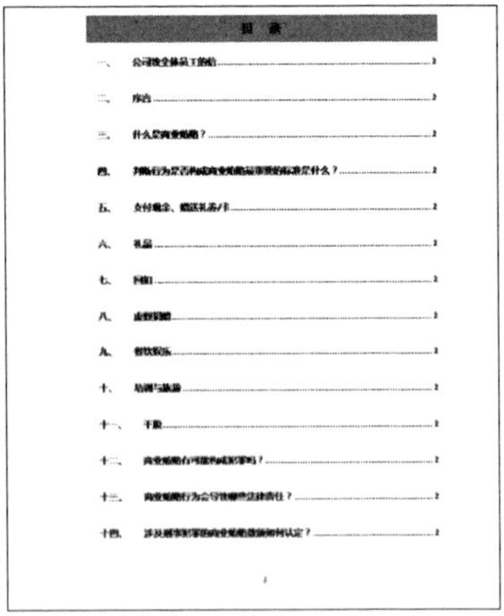

目 录

2

（3）合规示范条款

中伦律师事务所
ZHONG LUN LAW FIRM

集团合规体系建设项目
合规示范条款

【内部资料，注意保密】
2019年2月

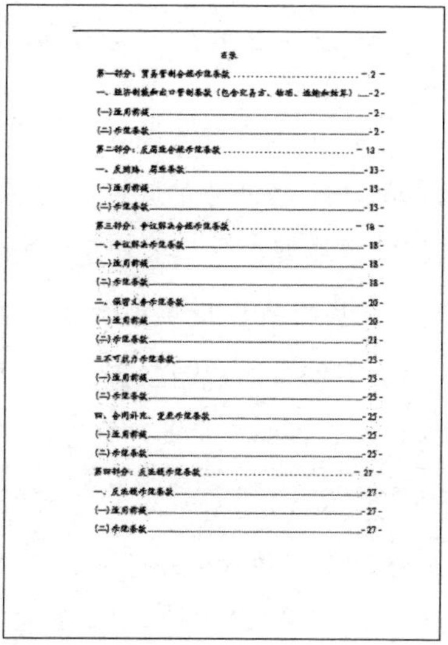

目录

第三节　合规管理制度的内容

如前所述，多数企业依照不同内容，在各个细分领域规定合规管理办法，如反腐败/商业贿赂、反垄断、数据保护、反洗钱、出口管制等领域的管理办法。在这一点上，国内企业与跨国公司的制度模式存在一定区别。国内企业通常采取“准立法”的方式，采取章节、条目的方式，拟定相关制度；而跨国公司则往往采取模块化的形式，为员工提供行为指引。例如，某跨国公司的利益冲突制度就分为制度介绍、制度定义、如何避免和管理利益冲突、披露流程、管理流程、报告流程等不同模块，采取类似操作指南的方式提供行为指引。

（一）反商业贿赂与反腐败

反商业贿赂与反腐败是现代企业在法治环境下合规经营不可避免的话题，也是企业开展合规体系建设所针对的主要风险点。我国的反商业贿赂法律规定主要集中在《中华人民共和国刑法》、《中华人民共和国反不正当竞争法》、国家工商行政管理总局颁布的《关于禁止商业贿赂行为的暂行规定》中，而反腐败主要见于《国有企业领导人员廉洁从业若干规定》《关于国有企业领导人员违反廉洁自律“七项要求”政纪处分规定》《中央企业贯彻落实〈国有企业领导人员廉洁从业若干规定〉实施办法》等规范之中。反海外商业贿赂与反腐败规定主要有美国的《反海外腐败法》（Foreign Corrupt Practices Act，FCPA）、英国2010年的《反贿赂法》（UK Bribery Act）等相关国家的法律法规，还有可能包括世界银行等国际组织的反腐败要求。

商业贿赂与腐败通常产生于企业经营过程中，多于公职人员、交易对象发生；不仅涉及违反法律、法规和道德规范，甚至可能涉及刑事犯罪问题。同时，商业贿赂和腐败对企业的声誉将造成极大的负面影响，企业还有可能直接承担刑事责任。因此，反商业贿赂与反腐败往往是企业最为关注的合规问题。

国内企业在建立反商业贿赂和反腐败制度时，首先要明确针对的相关方要求：是针对国内监管机构的合规要求，还是海外监管机构的合规要求，抑或要符合世界银行等利益相关方的要求。不同的相关方将直接决定企业的制度内容，而企业需要完成的，就是将外部相关方要求内化成为企业内部规定。

反商业贿赂与反腐败在企业的合规制度中通常体现为合规管理办法和合规业务手册。例如，国内中央企业针对国资委相关要求制定的企业领导/员工廉洁从业规范应当包括如下内容。

企业应首先列明制度的义务来源，如“根据《关于国有企业领导人员违反廉洁自律‘七项要求’政纪处分规定》、《国有企业领导人员廉洁从业若干规定》、《中央企业贯彻落实〈国有企业领导人员廉洁从业若干规定〉实施办法》等制度，制定本规定”，明确制度的适用范围，并对企业领导、员工提出纲领性的廉洁从业要求。

在制度的主体部分，企业应当列明违规类型和违规的具体表现。具体内容包括但不限于以下行为的内容和表现形式。

- 滥用职权、损害国有资产权益；
- 以权谋私以及损害本企业利益；
- 不正当行使经营管理权，侵害公共利益、企业利益；
- 违规职务消费；
- 违反作风建设，有违良好公共形象；
- 滥用人事任免权；
- 利用职务之便通过同业经营或关联交易为本人或特定关系人谋取利益；
- 为自己（互为对方）配偶、子女和特定关系人从事营利性经营活动提供便利；
- 违反在企业资产整合、引入战略投资者等过程中以权谋私的禁止性规定，擅自提供抵押、担保；
- 擅自将企业金融性资产委托他人管理投资；
- 利用企业上市或上市公司并购、重组、定向增发等过程中的内幕信息为本人或特定关系人谋取利益；

- 授意、指使、强令财会人员提供虚假财务报告；违规自行决定本级领导人员薪酬或者滥发补贴和奖金；
- 违反规定兼职领薪。

同时，企业还应当明确监督机制和违规处理方式。如相关内容应当列入领导年度述职述廉和民主评议的重要内容，主动报告可能产生利益冲突和合规风险的相关情况，主动配合经济责任审计，以及违规行为的处理方式。

鉴于商业贿赂与腐败是企业日常经营中多发的合规风险，企业还应该制定合规业务手册，作为关键领域的细则，指导企业员工合规履职。手册内容可以包括：

- 什么是商业贿赂；
- 判断是否构成商业贿赂的标准是什么；
- 支付现金/礼品/礼品券、回扣、虚假捐赠、餐饮娱乐、培训旅游、干股等商业贿赂的表现形式，以及如何认定具体行为是否构成商业贿赂；
- 商业贿赂可能引起的责任及处理方法。

（二）公司治理与管理层履职

公司治理的合规性主要体现在公司决策权力的划分与控制。企业需要通过建立合理的公司运营制度发挥管理人员的能动性，推动企业发展；同时，也需要对不同的权力加以制约和监管，确保企业运营过程中不出现违法违规行为。

股东、董事、监事、高级管理人员是企业运作过程中的核心。股东作为公司法人的投资人，最重要的合规义务是缴纳注册资本、不影响公司法人的独立人格、保证公司法人的独立经营。因此，股东的主要合规义务为股东身份必须符合法律法规规定；不得虚报注册资本、虚假出资或抽逃注册资本；不利用大股东权利损害公司、股东和其他人权益等。

公司董事、监事、高级管理人员作为公司运营的核心管理层，主要义务是按照法律、法规和公司制度规定行使权利。具体而言，董事、监事和高级管理人员任职必须符合法律法规关于身份的规定；严格按照公司章程行使董事权利、董事会权利；按照公司议事规则规定召集会议，提出议案，进行表决；履行勤勉尽职义务，不得违规进行关联交易谋取私利，或损害公司和股东利益。

在制度的表现形式上，公司治理主要表现为股东会、董事会、监事会的议事规则和管理层履职手册。对于国有企业和中央企业，还可以就“三重一大”等事项制订专门的制度指引。

例如，企业应当制定董事会议事规则，对董事会组成、董事会的职责、董事会专门委员会的组成、董事会会议、决议程序、决议执行、董事/董事长的职责、董事会秘书和董事会办公室等内容进行规定。具体而言：

1. 董事会的组成：应明确董事会的组成人数、任期，内外部董事、职工董事的人数以及董事长的设立。

2. 董事会的职责：企业应明确董事会的职责，一般应包括决定公司的发展战略和规划、批准占公司净资产一定比例的投融资项目、批准一定额度的对外担保、制订公司年度预决算方案、制订增减资及债券发行方案、制订公司合并/分立/解散和变更的方案、聘任或解聘总经理等高级管理人员等。

3. 董事会专门委员会：对于一定规模的公司，可能在董事会下设立提名委员会、战略投资委员会、薪酬考核委员会、审计风险委员会、合规委员会。委员会的定位通常为咨询、建议机构，不得以董事会的名义作出任何决议。公司应当明确专门委员会的内外部董事构成以及其权限。

4. 董事会会议：公司应明确董事会会议的类别和召开形式，包括召集、主持、议案的提出，董事的出席和表决等。公司还应明确相关议案上会前是否需要相关部门提供专业意见，以及对董事表决权的限制（如关联关系等）。

5. 董事会决议、记录与执行：公司应当明确董事会决议作出的形式、存档、执行、监督、反馈机制等。

6. 董事、董事长、董事会秘书职责：公司应当明确董事任职期间的权利和忠实义务、勤勉义务，以及可能造成损失的赔偿；明确董事长的工作职权；明确董事会秘书的任免方式等。

对于国有企业，还可以就重大决策事项、重要人事任免事项、重大项目安排事项和大额资金运作事项等“三重一大”事项进行专门规定。例如“三重一大”事项的具体内容、决策程序，以及党委、董事会就“三重一大”事项的决策安排等。

（三）反垄断和反不正当竞争

对于具有一定规模的大型企业和行业领军企业而言，垄断和不正当竞争的风险较为突出。因此，大型跨国公司会专门制定反垄断相关的合规制度。例如巴斯夫制定了包括禁止横向协议制度、限制纵向协议制度、限制滥用市场支配地位制度在内的全面反垄断制度。具体措施包括：

1. 反横向协议的具体措施

（1）禁止竞争者之间以避免或限制竞争为目的或具有此等效果的协议和协同行为，包括在价格、串通竞标、客户分配、销售或采购条款、生产或销售配额，或划分区域市场方面的协议；

（2）禁止通过一系列单方面声明（例如，意图引发竞争对手相同反应的涨价声明）造成协同行为；

（3）禁止竞争者（包括非独家经销商）之间进行任何直接或间接的信息交流，如客户、定价、成本、薪酬、销售条款、经销方式、市场份额、产量、竞标或战略（如商业和研究战略）方面的信息；

（4）在与竞争对手接触的过程中，必须确保不得接受也不得提供任何可以使人了解信息提供者现在或未来市场活动的信息；以及

（5）在横向协议中，无论当地是否存在反垄断法或当地法律是否更加宽松，巴斯夫在全球范围内都必须严格遵守欧洲反垄断法的规定。

2. 反纵向协议的具体措施

（1）核实交易准据法对纵向限制条款的规定，尤其是判断限制性安排合法性和有效性的标准；

（2）根据当地法律要求，综合考虑限制性安排持续时间的长短、强度的高低，以及所涉及各方的市场地位，视具体情况禁止

或者审慎进行以下交易行为：

1）对客户自主设定价格进行限制；

2）在供应条件上对客户（选择）业务合作伙伴进行限制（区域、客户或应用限制）；

3）某些最优惠客户待遇条款；或

4）独占性安排诸如独家采购或独家供应及不竞争。

3. 反滥用市场支配地位的具体措施

（1）考察交易准据法对市场支配地位的定义以及特定行为合法程度的确定；

（2）视个案的具体情况，按照当地法律禁止或者审慎进行以下交易行为：

1）无正当理由差别对待客户（禁止歧视）；

2）拒绝供应；

3）选择性供应；

4）强加不适当的购买/销售价格和条件，或无正当理由搭售额外的服务。

（四）安全与环保

对于生产型企业，特别是能源、化工、冶金、机械等行业，安全环保是合规工作的重要内容。事实上，企业通常会通过“HSE”管理体系（Health，Safety，Environment）加强安全生产与环保领域的合规管理，并制定一整套的管理措施。例如，我们在此前的合规体系建设中，曾经汇总过某化工行业集团和冶金行业集团在安全环保领域的制度。

所属行业	化工行业	冶金行业
HSE板块制度	××集团健康安全环保管理规定 ××集团保命规则管理办法 ××集团健康安全环保风险防控管理办法 ××集团职业健康管理办法 ××集团安全生产管理办法 ××集团环境保护管理办法 ××集团节能管理办法 ××集团消防安全管理办法 ××集团工程及生产运营物资采购管理办法 ××集团产业管理办法 ××集团健康安全环保事故应急管理办法 ××集团健康安全环保隐患管理办法 ××集团健康安全环保事故管理办法	××集团事业部安全生产责任制 ××集团职业健康安全目标及评价管理办法 ××集团建设项目“三同时”管理办法 ××集团职业健康安全教育管理办法 ××集团相关方进厂安全、环保管理办法 ××集团环保设施检查管理办法、人机安全与作业环境管理办法 ××集团危险化学品管理办法 ××集团生产现场安全管理办法、班组安全管理办法 ××集团厂内交通安全管理办法 ××集团环境保护管理办法 ××集团安全生产检查与事故隐患排查治理办法 ××集团设备设施安全管理办法 ××集团伤亡事故（事件）管理办法 ××集团职业病预防管理办法 ××集团应急救援预案管理办法

在我国，安全环保领域的外部规定较为健全，企业的主要做法为依照《中华人民共和国安全生产法》《中华人民共和国环境保护法》《中华人民共和国水污染防治法》《中华人民共和国职业病防治法》《安全生产培训管理办法》等法律、法规，以及《企业安全生产标准化基本规范》（GB/T 33000—2016）等行业标准（依照具体行业各异），制定内部管理制度。地方政府还可能制定当地的安全生产管理规定，如《山东省安全生产条例》《山东省生产经营单位安全生产主体责任规定》（2018 年修订版）等。

企业在合规管理方面也经常会制定更加具体、更具执行性的合规准则。准则可以分为外部影响和内部要求两个方面。例如，巴斯夫确立了环境、健康与劳动保护制度，并明确表示“巴斯夫致力于寻求可持续发展解决方案并积极承担经济、生态与社会责任。遵守保护人类和环境的法律法规，不让经济考量凌驾于安全、健康与环境保护之上。在产品和工艺上同样如此。每位员工在其工作范围内都应承担起保护自然资源和环境的责任”。巴斯夫保护环境和员工健康的具体措施包括：

1. 在没有相关环境保护和职业健康与安全的法规或公司政策及规定的领域，员工必须依照常识作出决定，并在必要时征求主管的意见。

2. 空气、水和土地只有经相关机构事先批准并在批准范围内方可用于工业目的。对于建设、运营、整修和扩大生产装置同样如此。

3. 必须防止任何未经授权的物质排放。必须根据法律的要求处理废物。如果使用第三方服务处理废物，还应确保第三方亦遵守环保规定和公司标准。

4. 不断改进生产流程和工艺，务求进一步降低对环境的影响和减少对健康的危害。

5. 如果发生事故和故障，必须及时而全面地通知公司内相关部门，尽可能快速和准确地作出应急响应并采取措施控制损失。此外，这些部门必须立即与政府部门沟通，并提供法律要求的相关信息。必要时，负责环境保护的部门必须履行其警告及通报周边邻居的责任。

6. 员工不得删略、迟延或不完整地报告事故和故障，同时禁止对善意报告此类事故的员工进行报复。

除了外部影响外，企业也有可能确立工作场所健康安全维护的具体措施。例如，陶氏化学要求：

1. 当发现不安全或危险的情况，公司和员工有义务采取纠正措施。

2. 在陶氏的工作地点、车辆或开展业务的场所中，绝不允许使用、携带或销售毒品、管制物质或涉毒器具。

3. 在陶氏的工作地点和车辆中，绝不允许使用或携带酒精饮料，但某些事先获得许可的社交活动现场除外。

4. 在当地法律允许的情况下，陶氏保留进行毒品和酒精测试的权利。

5. 公司场所中禁止出现武器、枪械、弹药、爆炸物和燃烧设备。在某些地区，对于公司场所中禁止出现枪械的禁令，法律规定了有限的例外情况。

6. 一旦发现任何潜在的暴力或对人员和财产有威胁的行为，员工要立即向主管或安全部门报告。

(五) 劳动用工与员工利益保护

除上述领域外，在跨国公司的合规制度中，企业更加强调对员工的保护和尊重。因此，相关内容通常出现在合规准则的首要位置，以公司与员工关系、工作场所管理、员工利益保护等形式出现。

例如，BP 在合规准则中确立了员工利益保护的相关内容，包括团队多元化和包容性促进制度、机会均等保障制度、工作场所骚扰禁止制度、个人信息保护制度。具体措施包括：

1. 保障团队多元化和包容性：BP 承诺；尊重每位员工，鼓励员工报告并保证认真倾听；同时，尊重员工的文化差异。

2. 保障机会均等：BP 基于员工表现而非种族、肤色、国籍、宗教信仰、性别、年龄、性取向、性别认定、婚姻状况、残疾或任何其他受适用法律保护的个人特点来评价员工；同时，不允许攻击性的信息、贬损性的评论和不恰当的玩笑。

3. 营造良好工作环境：BP 协助创造没有任何形式骚扰的工作环境，绝不姑息和性相关的不恰当评论或任何其他性侵犯行为。

4. 保护员工个人信息：BP 尊重员工的个人隐私，对工作之外的员工生活不予干预，除非影响到 BP 的声誉或正当业务。同时，BP 仅在需要有效经营或法律要求时使用员工的个人信息，个人信息将被标记为“保密”并以保密信息对待。

随着国内企业经营规模和水平的不断提升，其对于员工的尊重和维护也日渐重视。例如，某大型中央企业就在其《诚信合规手册》中，将“公司与员工”作为首要内容，并明确提出员工是公司的宝贵资源和财富。公司尊重和维护员工权益，致力于促进员工全面发展，实现员工个人价值与企业价值的共同提升，努力使企业发展成果惠及广大员工。具体内容相比海外跨国公司的，更符合中国企业实际。

1. 依法用工：遵循合法、公平、平等自愿、协商一致、诚实信用原则，与劳动者订立、履行、变更、解除或终止劳动合同，不允许聘用童工。

2. 公平对待员工：为每一位员工提供平等机会，不因种族、民族、肤色、宗教、性别、国籍等原因，在招聘录用、薪酬福利、职业发展、奖励惩处等方面对员工差别对待。

3. 尊重和保护员工权益：公司坚持以人为本，尊重和关爱员工，切实维护员工合法权益。依法按时足额向员工支付薪酬，依法为员工建立社会保险，保障员工依法享有的休息休假权利，努力改善和提高员工福利待遇。公司完善职业培训制度，有计划地对员工进行职业培训，帮助员工提升职业技能。公司对从事特种作业的员工，在其上岗前进行培训，未经培训不安排上岗。公司不断完善民主管理、民主监督机制，充分听取员工意见和建议。制定涉及员工切身利益的规章制度和政策，应履行民主程序。

4. 依法处理劳动争议：公司鼓励和引导员工以合法方式反映诉求。员工如有劳动关系方面的异议或疑问，可以自行或者通过工会组织向人事、法律等部门反映。发生劳动争议的，鼓励员工与公司协商解决，也可以通过法律途径解决。

第五章　合规风险的识别、预警与管控

第一节　什么是合规风险

《合规管理体系——指南》中将合规风险定义为“不确定性对合规目标的影响”。据此，我们认为，合规风险，是指通过对比合规义务后产生的影响其合规目标的不确定性。

如本书前文所述，合规目标是企业遵循合规义务的先导性指引。具体在企业合规管理体系中，合规目标是企业对于生产经营整体合规性以及各部门工作的具体合规性制定的目标。在合规目标的指引下，企业在达成该目标的过程中产生的不确定性即成为合规风险。

合规义务是合规风险评价的参照标准，与合规风险是一一对应的关系。合规风险主要应当包括：合规风险行为、合规风险发生可能性、合规风险发生后果三个方面。企业首先应当确定哪些生产经营行为可能存在合规风险，进而确认该合规风险发生的可能性，以及该风险一旦发生将产生的后果。

从合规风险行为而言，合规风险行为主要产生于企业经营和员工履行职务的过程中，主要分为：财务合规风险、采购合规风险、生产合规风险、销售合规风险、人事合规风险、信息合规风险、审批合规风险、决策合规风险等大类。

从合规风险发生可能性而言，由于合规风险和合规义务的模糊性，合规风险发生可能性可以分为：必然性合规风险和可能性合规风险。如果合规义务明确，但是企业未按照合规义务履行则会产生必然性合规风险。如果合规义务并不十分明确，那么企业未履行该义务则会产生可能性合规风险；如果合规义务明确，但企业行为仅涉嫌违反合规义务，则也会产生可能性合规风险。

从合规风险后果而言，合规风险可能产生法律后果、政治后果、市场后果：法律后果包括民事、行政、刑事责任；政治后果包括政党内部处理、国家政策处理；市场后果包括企业声誉、信誉、形象以及产量、销量等。

第二节　合规风险识别和分析

由于合规风险会产生方方面面的严重后果，因而企业必须采取积极措施管理合规风险，以确保企业的合规目标可以达成。管理合规风险的第一步即需要识别合规风险，并进行分析评估。

《合规管理体系——指南》中，对合规风险识别评估的要求如下。

组织应识别并评估自身的合规风险。评估应当以正式的合规风险评估或通过其他代替方法实施。合规风险评估构成实施合规管理体系、有计划地分配合适而充足的资源与流程的基础，也可用以管理已经确认的合规风险。

组织应将其合规义务与活动、产品、服务即运营方面联系起来，确认可能发生不合规的情况，从而识别合规风险。组织应查明不合规的原因并明确其后果。

组织在分析合规风险时，应考虑不合规的原因、起因及其后果的严重性，以及不合规和相关后果发生的可能性。比如，后果可能包括对个人和环境的伤害、经济损失、声誉损失以及行政责任。

在风险评估中，需要比较分析流程中发现的合规风险等级与组织能够并愿意接受的合规风险等级。基于这一比较，组织确定任务的优先级，并在此基础上确定实施控制措施的必要性以及控制措施的程度水平。

出现以下情况时，应定期对合规风险进行再评估。

● 出现新的或更改的活动、产品或服务时；

● 组织的结构或战略发生变更时；

● 重要的外部变化，比如金融经济环境、市场情况、负债和客户关系；

● 合规义务的变化；

● 不合规行为。

注 1 合规风险评估细节的程度和水平取决于组织的风险状况、环境、规模和目标，特定的具体方面可能会有所差异（比如环境、财务和社会）。

注 2 基于风险的合规管理方法并不意味着在低合规风险场景中，不合规行为就能够被阻止接受。这种方法有助于组织将主要精力和资源放在优先级更高的风险上，并最终涵盖所有的合规风险。组织需要对发现的所有合规风险/场景进行监控、更正和纠正。

注 3　ISO 31000 提供详细的风险评估指导。

根据以上《合规管理体系——指南》的要求，合规风险识别主要包括合规风险识别和分析流程、合规风险识别和分析方式。

（一）合规风险识别和分析流程

企业建立合规体系的核心是根据企业实际建立合规风险识别、管理、改进和更新的流程制度。其中，合规风险识别和分析是合规体系建立的基础。经我们调研发现，大部分企业在建立合规体系前，出于风险管理的需要，公司内部已经实际部分存在合规风险识别的工作机制，但散见于各个部门的工作中，并不系统完善。因此，建立统一的合规风险识别分析制度，是合规管理的首要工作。

合规风险识别和分析流程主要包括：

1. 明确风险识别分析主体

大部分合规管理书籍将合规风险识别主体确定为企业的合规管理部门（委员会）或者法务部门。但是本书认为，对企业而言，合规管理部门是合规管理的归口部门，而非业务部门，对于生产标准复杂、行业规范密集的企业而言，业务部门往往比合规部门更加了解国家标准、行业规范。因此，本书认为，风险识别的主体应当分为业务部门和合规管理部门两个层级。由业务部门进行初步的合规义务和经营行为梳理汇总，再由合规管理部门进行筛选和分析。

2. 确定企业的合规目标

在明确合规风险识别主体后，企业需要针对合规风险识别的主体和合规任务要求设立合规目标，并以书面文件的形式下发给相应的工作部门或者下属企业开展具体工作。合规目标应当配以相应的工作方案，以明确工作分工、工作方法、工作事项及工作时间。

3. 全面梳理企业合规风险清单

根据合规目标和工作方案，企业应当根据自身实际经营业务全面梳理相关领域的合规风险清单。如前所述，本书认为，合规风险清单应当由各业务部门先行梳理相应合规义务及相应合规风险，并且可以根据业务开展实际，初步识别其中的重大、关键风险。之后，由合规部门进行筛选，排除非合规风险，形成最终的合规风险清单。

4. 识别合规风险源、对应部门、岗位

企业行为或者业务开展通常不是单一部门、单一岗位完成的，合规风险行为发生必须明确权力责任主体，才能有针对性地制定相应的合规管理措施。因此，在风险识别分析过程中，一项重要的工作是对相应部门、岗位的权责进行明确划分，针对性确认合规风险行为的实施主体，其权力边界以及需要承担的相应职责。

5. 评估合规风险发生可能性、相应后果及风险等级

结合合规风险清单，合规部门需要根据发生可能性以及影响性分析评估合规风险对合规目标的影响，主要分为合规风险发生可能性、合规风险后果和合规风险等级。评估结果可以参见下表。

合规风险分析评估表

编号	行为发生频率	合规风险发生可能性	合规风险后果	风险等级	对合规目标影响	对业务目标影响
1	经常	高	民事	高	重要	重要
2	一般	中	行政	中	一般	一般
3	极少	低	刑事	低	无	无
4			政治			
5			企业声誉			

6. 对企业合规风险清单重新排序整理

根据合规风险识别分析的结果，企业需要对企业已经识别的合规风险从高频率、高风险到低频率、低风险进行排序。确定重点需要开展合规管理的领域，并据此制订合规管理的落实方案。

7. 制定合规风险管理措施

合规风险清单重新排序后，需要针对清单识别的合规风险制定不同的合规风险管理措施。合规管理措施可以分为新建措施和改进措施。一般而言，对于企业原有制度框架内的合规风险，采取改进措施进行增补，以达到控制合规风险的目的；对于企业新发合规风险，采取新建措施加以管控。

8. 将合规风险管理措施植入企业制度和流程

企业合规是一个长期的目标，并非一蹴而就。因此，合规风险管理措施需要植入企业的日常经营制度和办公流程，以确保未来长期达到合规要求。

9. 定期和不定期更新合规风险清单

《合规管理体系——指南》中对合规义务的更新做了明确指导。随着合规义务的变化和市场环境的发展，合规风险也在随时变化，因此需要定期或者不定期的更新。一般企业可以选择以 12

个月为周期，更新合规风险清单，并在所在国的法律、法规、政策发生重大变化时及时更新合规风险清单，并同时进行分析评估。

（二）合规风险识别和分析方式

如本书之前所述，合规风险的识别可以通过风险清单的方式进行全面的梳理，明确合规行为、合规风险、涉及的规定、合规责任、风险等级、整改意见和建议以及主责部门、落实情况等（如下表）。

合规风险清单

风险代码	合规风险	引发合规风险的行为	涉及法律法规	具体规定要求	责任类型与后果	风险评级	典型案例	管控措施建议	主责部门	落实情况

为了使企业充分了解合规风险识别与分析的过程与结果，合规风险识别与分析最终应当通过书面文件形式作出。

合规风险报告应当对合规风险发生原因、合规风险可能发生的影响、企业承受能力、减轻或者避免合规风险发生的措施和建议以及落实措施和建议的相应部门进行系统化的论述和分析。针对不同的项目开展的合规风险识别与分析，可以将最终的合规风险报告分为专项性合规报告、整体性合规报告。

本书认为，合规风险报告应当包括以下内容。

1. 合规风险评估与分析工作概况：阐述合规风险评估的背景、范围、识别和分析方法、识别和分析过程。

2. 合规风险识别情况：识别合规风险的存在与否、风险领域、风险等级等。

3. 合规风险发生的原因：分析合规风险发生的原因，包括外部原因、内部原因。

4. 合规风险可能产生的影响：评估合规风险可能导致的后果和损失。

5. 应对合规风险的措施和建议：提出应对合规风险的措施和建议。

6. 结论：得出关于合规风险识别和分析后的整体结论。

第三节 合规风险预警

合规风险预警是一个系统性工程，需要建立在风险分析与评价的基础之上。合规风险预警包括对风险因素、风险等级和风险事故作出评价，并且提前作出相应预警，以便采取不同的措施予以管控。

合规风险的预警核心是需要对企业合规风险进行持续性监测，特别是对于企业此前存在的重大合规风险以及对企业可能产生重要影响的合规风险进行持续性重点关注。

合规风险的预警主要可以参考以下因素进行分析判断。

合规风险预警评价因素

风险代码	合规风险	涉及法律法规的变化	有关政策变化	监管部门的态度变化	行业其他企业有无受到处罚	媒体对有关行为的报道	风险预警评级

通常情况下，法律法规、政策以及监管部门监管态度的变化均可能引起合规风险的进一步扩大。而同行业其他企业的合规事件，对企业合规风险预警具有十分重要的参考意义。媒体的新闻报道，有些是事先性报道，有助于企业提前知晓法律法规和行业政策的变化趋势，有些是事后性报道，有助于企业了解哪些具体合规风险需要进行预警。

合规风险的预警需要企业合规风险管理部门进行持续性的监测；同时，在监测到合规风险可能增加时，需要及时按照企业内部的合规管理制度进行汇报，并积极开展管控措施，对合规风险加以控制。

第四节　合规风险的管控

合规风险管控的目的是预防和减少合规风险事件的发生，控制、减轻和消除合规风险事件对企业引起的危害及造成损失，规范预防和应对活动，保护企业经营的稳定性、声誉和员工生命财产安全，使企业在面对突发合规风险事件时能够快速反应、有效控制和妥善处理。

（一）合规风险管控的原则

合规风险管控的原则包括：（1）以人为本，减少危害；（2）居安思危，预防为主；（3）统一领导，分级负责；（4）协调有序，运转高效；（5）归口管理，信息及时。其中，减少危害是合规风险管控的核心。

（二）对合规风险管控进行分级评价

合规风险的管控和处理，应当首先对事件进行评价和分级，该评价和分级与在合规风险梳理时的评价分级有所区别。合规风险发生后的评价分级应当按照事件的严重程度进行分级。合规风险事件按照严重程度分为一级、二级、三级。

一级危机事件：是指突然发生，事态非常严重，已经给企业的正常运营和员工生命财产安全造成十分严重的危害或威胁，产生重大社会影响或者对企业的声誉产生重大影响，需要统一组织协调、调度各方面资源和力量全力进行处置的突发事件。

二级危机事件：是指突然发生，事态较为严重，未来可能会给企业的正常运营和员工生命财产安全造成危害或威胁，可能产生重大社会影响或者对企业的声誉造成重大影响，需要统一组织协调、调度各方面资源和力量进行处置的突发事件。

三级危机事件：是指突然发生，可能会给企业某一部门或某一分所的正常运营和员工生命财产安全造成威胁，可能产生一定的社会影响或可能影响企业声誉，需要统一协调特定职能部门或分所进行处置的突发事件。

（三）设立合规风险事件应急处理体系

企业合规风险管理的组织体系应由管理小组、管理专员和IT、市场、人力等支持部门组成。管理小组的日常工作由企业合规管理专员负责，在发生合规风险时，根据分级的严重程度，组成管理小组作为指挥中心，全面统筹处理合规风险。

管理专员的主要职责包括：负责收集和汇总合规风险事件信

息；初步识别和判定合规风险事件级别；汇报合规风险事件，参加管理小组工作，协助企业进行应对。

管理小组的主要职责：负责制订全面应对方案；负责调动企业资源执行应对方案，处置危机事件；负责向企业董事会、股东会汇报合规风险事件处置情况；负责事件处置期间与政府部门、客户、新闻媒体以及其他第三方机构的沟通和联络。

合规风险事件应当依据不同的级别组成不同的临时管理小组加以应对。

一级危机事件，应当由企业总经理、分管该领域副总、事件发生部门负责人、合规风险管理专员、企业运营总监、财务总监、人力资源总监、IT 总监、市场部负责人或其他辅助部门的负责人组成管理小组。

二级危机事件，应当由企业分管该领域副总、事件发生部门负责人、合规风险管理专员、企业运营总监、财务总监、人力资源总监、IT 总监、市场部负责人或其他辅助部门的负责人组成管理小组。

三级危机事件，应当由该合规风险事件发生部门负责人、合规风险管理专员、企业运营总监、财务总监、人力资源总监、IT 总监、市场部负责人或其他辅助部门的负责人组成管理小组。

一般而言，企业内主要参与合规风险事件处理的部门包括财务总监、人力资源总监、IT 总监、市场部等，各辅助部门应当分工明确，在各自领域内协助企业进行合规风险管控。

财务部门主要职责：协助做好事件财务应对预案，跟踪了解事件的处置情况，执行管理小组的指令，落实资金安排，确保应对方案的执行，为事件应对提供后勤保障。

人力资源部门主要职责：跟踪了解事件的处置情况，执行管理小组的指令，负责事件期间人员调配、员工心理疏导、员工人身伤害救治等工作。在发生重大生产事故、疾病等影响员工工作的情况下，制定人员轮岗方案，在保证企业正常运营的情况下切实保护员工的健康安全。

市场部主要职责：协助管理专员做好事件信息发布预案，跟踪了解事件的处置情况，执行管理小组的指令，协助管理小组做好事件处置期间的公关工作，负责舆情监控、对外信息发布，配合各业务部门做好事件处置期间的客户沟通和安抚工作。根据需要，聘请外部公关专家支持事件处置。

IT 部主要职责：跟踪了解事件的处置情况，执行管理小组的指令，为管理小组提供网络、通信及其他相关技术支持和保障。在出现网络和信息安全突发事件时，自行或聘请外部专家进行事件处置。

(四) 建立合规风险事件应急处理流程

合规风险事件发生后，应当按照企业既定流程进行高效的处理，切勿盲目处理，否则可能导致合规风险事件的负面影响进一步扩大。具体而言，合规风险事件的处理流程包括以下几个方面。

1. 制定合规风险事件应对预案。在梳理完企业合规风险后，应当针对发生可能性较高、潜在危害严重性较大的合规风险有针对性地制定应对预案，为危机事件应对做好准备。

2. 成立合规风险事件管理小组。如本书上文所述，在合规风险事件发生后，应当按照该事件的级别，立即成立管理小组，有针对性地进行处理。在管理小组成立前，合规管理专员应当：(1) 立即甄别并确定事件的风险类型和风险等级；(2) 在管理小组组建前，采取必要的临时应对措施；(3) 立即着手收集事件的信息；(4) 立即上报，组建管理小组，向管理小组通报已经采取的应对措施。

3. 制定和执行危机应对方案。

(1) 管理小组组建后，应当根据事件的性质，立即制定明确的应对方案，并指令各业务部门和职能部门遵照执行。

(2) 各职能部门应当分工合作，准确执行危机管理方案，定期向管理小组反馈方案执行情况及效果。

(3) 应对方案的主要内容包括：事实调查安排、内部分工安排、信息披露机制、后勤保障安排等。

(4) 管理小组应对事件状态进行定期评估，根据情况及时调整危机应对方案。

(5) 管理小组应当定期或者不定期召开小组会议，协调和统筹各部门工作安排，确保方案得到高效、统一的执行。

4. 合规风险事件信息发布和告知管理程序。与新闻媒体沟通、发布信息，需要注意：

(1) 企业合规事件管理小组指定专人负责对外信息披露，未经授权任何人不得擅自对外发布信息或接受媒体采访。

(2) 管理小组应当及时制定信息发布的具体方案，确定信息发布的形式，管理小组审定新闻稿内容，公布信息发布的时间和场所。

(3) 信息发布过程中，应注意实事求是、反应迅速、公开透明的原则。

（4）专人负责舆情监控，根据舆情有针对性地调整信息发布方案。

同时，对于企业内部员工，也需要告知必要的信息。

（1）要对内部员工及时告知必要的事件情况，及时稳定员工情绪，引导员工齐心合力应对突发事件。

（2）注意收集员工对事件应对的反应、意见和建议。

（3）禁止员工对外披露和内部传播与企业通报信息不符的内容。

根据合规管理事件的性质和类型，决定是否告知重点客户及业务合作伙伴相关信息。如有必要告知，需要注意：

（1）向客户及业务合作伙伴告知事件真相及处理情况，消除误解，妥善维护商务关系。

（2）相关业务部门和职能部门应按照应急分工职能，做好准备接受客户及业务合作伙伴有关事件的查询和答复。

（3）向客户及业务合作伙伴告知事件处理情况时，应与对外发布的新闻内容保持一致。

5. 合规风险事件应对的评估总结。合规风险事件处理完毕后，管理小组、合规管理专员应当对此次事件进行总结。评估总结的内容包括：

（1）合规风险事件产生的具体原因以及调查成因的全过程。

（2）合规风险事件处理过程，包括采取了哪些应对措施、对关键/敏感问题的处理和把握、整合利用资源的情况等。

（3）合规风险事件处理结果评定，包括事件给企业带来的具体损害、事件对客户或其他相关方的影响、为企业挽回或降低了哪些损失、企业形象和声誉重塑的情况、处理的费用支出等。

（4）关于危机合规风险管理制度的改进意见与建议。

第六章　合规管理保障机制

第一节　合规管理保障机制概述

（一）合规管理保障机制的内涵

近年来，企业对合规管理越来越重视。随着国家监管政策趋严以及 ISO 19600《合规管理体系指南》的发布，大量企业纷纷开始建立和完善其合规管理体系。然而近几年，国内被处罚的企业中不乏已经建立自己合规管理体系的企业，究其原因在于监管机关认为其合规管理体系未能发挥其功能，即相关企业建立的合规管理体系并不是有效的体系。但就认定企业合规管理体系是否有效的标准，目前没有任何一个监管机构作出过明确表述。

笔者认为，合规管理体系是企业进行合规管理的基础，但体系建立以后的运行以及体系功能的实现尚需要充分的机制予以保障，而这些保障机制则是企业有效进行合规管理的前提。由于行业内对这些机制尚无统一的专业称谓，笔者在此暂且将这些机制统称为“合规管理保障机制”。若需就“合规管理保障机制”进行严格定义的话，毋宁说合规管理保障机制就是企业所采取的一系列旨在保障合规管理体系运行及功能实现的制度化的可执行措施。如果说企业合规管理体系是企业合规管理的骨架的话，合规管理保障机制就是附着于骨架之上的血肉，二者共同构成了整个企业合规管理躯干。

具体而言，合规管理保障机制主要包括以下三层内涵。

首先，合规管理保障机制的目的在于保障企业合规管理体系运行和功能的实现。并非企业所有的制度化机制都属于合规管理保障机制，与前述目的无关的机制不属于合规保障机制。例如，企业为了提高产品销量制定的针对销售人员的业绩奖励制度，其目的旨在激励销售人员、促进产品销售，因此单纯的业绩奖励制度并不属于合规管理保障机制。但实践中越来越多的企业会将对销售人员行为合规性的要求纳入对其的奖励制度之中，使得业绩奖励制度同时也具备了合规管理保障机制的性质。

其次，合规管理保障机制须是制度化的机制。所谓“制度化的机制”是指已经通过企业内部规则确定的普遍适用的机制。合规管理保障机制作为制度化的机制，就必然要求企业先要有通过制定规则的方式在企业内部确立保障合规管理体系运行和功能实现的机制，并在企业内部普遍适用该规则，保证凡是规则所规定事项均按照规则的规定进行处理。合规管理保障机制的这一内涵使之区别于企业内部就特定事项临时采取的应对或处理机制。例如，在合规风险事件发生后，企业内部临时决定采取的应急处置措施并不属于本章所述的合规管理保障机制，但企业为了应对潜在的合规风险事件就风险事件处理的主体、程序、工作模式等方面制定的应对管理办法，则属于合规管理保障机制。

最后，合规管理保障机制须是可执行的机制。上文已经提到，合规管理保障机制须是企业内部规则确立的机制，而规则的生命在于执行，合规管理保障机制的生命也在于通过机制的执行来实现合规管理体系的预期效果，否则将失去其存在的意义。我们在实践中也遇到过一些生产企业为了确保分销商的资信能力及行为合规性，在其分销商管理办法中规定了极为全面的材料审核和调查范围，甚至包括对象企业在特定时间段内的全部财务报表、业务合同、全部销售人员信息材料等。我们权且不论企业在选择分销商过程中还需要综合考察其他多方面因素，单就材料本身而言，生产企业就无法做到全面获取和审核。原因除了分销商不愿主动提供和全面审核材料效率太低以外，还有部分小规模的分销商可能都未能制作和保存如此全面的材料。因此，实践中这样的规定看似全面却无法得到严格执行，最终取而代之的是各种没有统一标准的变通方式，反而不利于该生产企业控制分销商的风险。以此为例也可以看出，合规管理保障机制必须是具备客观实施可能性并符合商业惯例和效率要求的机制，否则将只是企业发布的一纸空文而已。

综合来看，企业所采取的措施只有符合上述内涵，才构成本书所述的合规管理保障机制。本书下文也将以此为基础，就常见的企业合规管理保障机制以及如何建立有效的合规管理保障机制展开详细论述。

（二）合规管理保障机制的分类

上文已经提到，合规管理保障机制系企业在合规管理实践中针对其自身可能面临或者正在面临的合规风险所采取的制度性措施。因此，我们在实践中接触到的特定企业的合规管理保障机制的实例往往带有浓厚的该企业的特色，这些特色可能源自企业性质的不同、企业所属行业的不同、企业规模的差异甚至有可能源自企业领导者个人性格的差异。

类型化研究一直是法学理论研究者和法律实践工作者们最为青睐的一种方法，在多元化的合规管理保障机制层出不穷的背景之下，我们探讨合规管理保障机制，也离不开利用类型化研究的方法来剖析实践中各式各样的机制，这也是为什么对实践中存在的合规管理保障机制依据一定的标准进行分类成为从事企业合规业务的必然要求。

笔者结合自己从事企业合规业务的经验以及行业内的一些普遍认知，认为合规管理保障机制大致有以下几种主要的分类模式。

1. 依据其所处的合规管理体系运行环节不同，合规管理保障机制可以分为风险识别机制、风险防范机制、风险应对机制以及合规改进机制。企业合规管理体系的运行通常分为风险识别、风险防范、风险应对及合规改进这四个环节，每个环节均存在与该环节的功能相匹配的保障机制以保证该环节的功能充分发挥。例如，风险识别环节通常会要求企业建立全面的风险提示、风险教育和风险咨询机制，以保证企业的管理者或员工能够及时了解和发现企业经营活动中的风险点，从而规避风险。而在风险防范环节，企业则通常会设置常规性事务以及重大事项合规性审查机制，以在事前将风险点进行排除或使之最小化。这种分类模式的意义在于能够帮助企业或者合规业务从业者们将企业合规管理体系运行环节的需求与特定保障机制的功能迅速进行匹配，减少企业合规管理过程中的盲区，提高合规管理的效率。

2. 依据其所针对的风险来源不同，可以分为外部合规风险管理保障机制和内部合规风险管理保障机制。企业的合规风险可能来源于其内部，例如企业自身管理漏洞或员工行为失当可能引发企业内部合规风险；同时，企业外部的一些因素也可能引发企业的合规风险，例如行业监管政策的变化或者商业合作伙伴的行为均属于可能引发企业合规风险的外部因素。而企业针对这两类不同来源的合规风险所设置的合规管理保障机制也应存在不同。针对企业内部合规风险的保障机制通常只在公司内部施行，其实现仅依赖于内部管理者及员工的严格执行，而针对企业外部合规风险设置的保障机制的实现，则很大程度上依赖于企业所处的市场环境、企业市场地位以及商业合作伙伴的配合，甚至政治和经济环境等诸多不确定的因素，因此，后者的实现难度通常更大。这种分类模式有助于企业在进行合规管理的过程中能够依据风险的来源判断合规风险管理的难易程度，进而合理地分配企业合规管理资源，协调合规管理的力度。

3. 依据其所针对的风险发生的紧急程度不同，可分为基础机制、增强机制和特别机制。[①] 基础机制主要指针对的行业内或者企业内普遍存在的合规风险而设置的保障机制；增强机制指企业针对其合规管理体系中存在的潜在风险、在基础机制之上进行强化的机制；特别机制则指的是合规危机可能立即发生或已经发生的情况下，企业为了降低危机不利影响而采取的应急机制。以一家医药商业企业为例，其所在行业普遍在药品营销环节存在商业

---

① 胡国辉．企业合规概论：88.

贿赂风险，因此该企业针对药品营销设置的反商业贿赂机制属于合规管理保障的基础机制；但其在合规风险识别的过程中发现，在基础机制执行的过程中仍有发生商业贿赂的潜在风险，进而采取的加大商业贿赂处罚力度或者提高合规营销行为的奖励程度的机制，则属于增强机制；若该企业就其药品营销过程中因商业贿赂问题引发的危机就应对监管机关调查、危机公关等问题设置了应急机制的，则该机制当属于前述的特别机制。这种分类模式并不常见，但是却具有很重要的实际意义。根据该模式，企业合规管理首先应当具备基础机制，即针对行业或企业存在的普遍风险作出回应，其次循序渐进，就潜在风险以及危机事项逐步设置保障机制，它有利于指导企业在合规管理过程中分清基础性工作及增强性工作，优化合规管理工作方案，促使企业优先奠定企业合规管理的基础。

以上只是实践中几种比较典型的对实践指导意义较大的合规管理保障措施的分类模式，关于其他分类模式，本书可能在其他章节亦会论及。但无论是哪一种分类模式，都只是从某个特定角度对不同合规管理保障机制的划分，最重要的是该分类模式对于企业合规管理的实践指导意义。

（三）合规管理保障机制的常见形式

本书所述合规管理保障机制的形式是指实践中企业所采取的各种不同的、具体用以保障合规管理体系运行的机制，如前文所述，我们正处于多元化的合规管理保障机制层出不穷的背景之下，也即合规管理保障机制的形式层出不穷，同一类别的合规管理保障机制可能呈现不同的形式。本章以下几节将围绕实践中常见的几种合规管理保障机制，如合规培训机制、日常咨询机制、举报制度、内部合规调查制度、考核机制、商业合作伙伴管理机制、合规改进机制等，就其具体内容或要求等事项进行详细论述。

第二节　合规文化的构建机制

（一）企业合规文化的内涵

企业的文化是该企业长期传承、沉淀的行为规范、思维方式和价值观念。企业文化对企业的合规管理体系的运行也存在着深远的影响，如果企业没有与企业合规管理理念相一致的企业文化，则企业合规管理体系就只能停留在制度设计层面，无法实现真正的运行。因此，本书在论及企业合规管理保障机制时，首先要详细探讨的便是企业合规文化的构建机制。

在国内外监管机构愈发重视企业合规的背景和趋势下，企业合规文化构建对于企业的意义自不必多言，它就如同企业合规管理体系运行的润滑剂，促进各个环节的顺利运行。如何构建企业的合规文化目前成为多数企业实际关注的问题。笔者认为，概括而言，企业合规文化构建就是一种通过认可合规以及与合规具有相同性质的要素的价值和作用，并在企业中树立正确的合规价值观以及道德准则和信仰的机制，而这种机制将与企业的治理机构和控制系统相互作用，从而不仅能在制度层面，而且在意识层面引导企业或者其员工作出合规的行为。笔者在从业过程中，曾多次被企业员工问及“什么是合规?”，这也让笔者认识到，企业构建合规文化，仅仅强调“合规”二字是不够的，当务之急是确立符合企业特点且可被全体员工所理解的合规文化的内涵。而实践中，通常企业合规文化的内涵包含以下三个层面的内容。

1. 以合规为前提的企业价值观

“合规创造价值”是企业进行合规管理体系建设的共识和动因，但这一共识在企业中的树立则需要企业的最高决策者、公司治理机构和其他管理层在整个企业范围内以可被全体员工所理解的语言体系阐明和推行一套以合规为前提的价值观，指导企业决策者、管理层以及员工的行为和商业判断。而这套合规价值观内在要求即在于企业的价值观要以合规要素为前提，企业及其决策者、管理层和员工在企业决策、管理及业务行为过程中，不仅要追求商业价值的实现，同时要保证商业价值是在企业合规经营的基础上实现。在此，我们以中国移动为例，其以“严守法纪、尊崇规则、践行承诺、尚德修身”十六字为纲，提出中国移动合规文化的核心内涵，这十六个字的意义不仅是中国移动对于合规管理的具体要求，同时也代表了其对这十六个字所彰显的“合规”作为其追求商业价值的前提的认可。诸如此类的企业纲领或者口号等形式本属于国有企业的一个典型特色，但越来越多的民营企业在建设合规管理体系的过程中采用了这种方式，将其作为企业合规价值观的载体。

2. 以合规为基础的管理理念

一个采取现代化管理制度的企业定然是以企业章程为基础，建立了完整的企业事务管理制度的企业。但对于公司的管理层，作为管理制度的践行者，在企业管理活动中，如何就执行制度、解决制度之间的冲突以及在制度空白情况下作出判断的过程中保证其管理行为风险的最小化成为实践中的棘手问题。而企业合规管理理念的树立就是为了解决企业管理层所面临的上述问题。即使由于企业历史形成的管理制度与风格、最高决策者与管理层之间的权责划分等因素，不同的企业所树立的管理理念是不同的，但其都应当以合规为基础。实践中，很多企业将管理层应当合规管理的理念渗透到了企业具体的管理制度之中，或以其作为制度执行的指导原则，或以之作为管理层履职的合格条件，促使管理层重视管理行为的合规性。但也不乏一些企业所建立的企业合规管理体系中，虽有就企业管理层的职权、履职程序等事项的管理规定，但却并没有对管理者所应具备的合规理念予以重视，导致一些管理者在执行管理制度过程中出现了脱离合规基础、“无条件地服从上级指示”或者“无限度地支持业务需要”等现象，为企业埋下合规风险的巨大隐患。

3. 以合规为指导的员工意识

如果说企业合规价值观与合规管理理念是分别就企业和管理层行为合规性作出的宏观指引的话，那么企业员工合规意识则是对员工行为的指导。企业合规管理体系的建设的最终目的是形成一系列能够有效约束员工行为、降低企业合规风险的制度，因此，员工的合规意识是企业合规管理体系有效运行的潜在动力。很多企业已经意识到了这一点，越来越多的企业在其员工手册中加入了合规因素相关的要求，“廉洁”、“守法”和“诚信”等字眼反复出现在向员工发放的书面材料和针对员工进行的培训当中。企业采取这一系列的措施，目的即在于潜移默化地向员工灌输或者帮助员工树立一种合规从业的意识。

不难看出，企业构建合规文化实质上就是在通过一定载体将上述三个层面的合规文化内涵，即企业的合规价值观、企业管理层的合规管理理念以及企业员工的合规意识，体系化地进行展现和传播，使得合规成为企业、管理层和员工共同的价值取向和行为指引。

(二) 企业合规文化的构建机制

1. 自上而下地构建企业合规文化

大部分人具有一种追随领导者的心理，无论其是否愿意承认。在企业构建合规文化的实践中这一点也得到了充分的体现，企业最高领导层的态度（Tone at the Top）对于企业合规文化的构建发挥着决定性的作用。大部分企业员工对于企业合规文化的接受和遵循程度在很大程度上取决于企业最高领导层对于企业合规文化构建的支持和强调。1998 年至 2001 年间，波音公司曾大力推行其合规管理项目，不仅建立了覆盖全球的职业行为准则培训和举报热线系统，而且几乎在每个部门都配置了职业行为准则顾问，其号称要建立美国企业合规的典范，但是其最高领导层对于企业合规文化推行以及在决策中对合规的重视等方面的乏力，导致企业不仅合规管理项目推行受阻，企业经营都受到了严重影响。这样的教训并非孤例，也让企业在实践中认识到，企业合规文化构建若只有醒目的标语或响亮的口号，而没有来自企业最高领导层的强调与践行，终究是纸上谈兵。

同样，企业的管理层，作为企业金字塔的中间层，它既是企业最高领导层的追随者，又为底层员工所追随，因此，管理层对于企业合规文化的态度（Tone at the Middle）在很大程度上影响着底层员工群体的态度。在大型企业中，科层制最为明显，员工之间的逐层追随效应愈发典型。因此，介乎于企业最领导层与底层员工之间的中间层——管理者对于企业合规文化构建的支持与执行，成为企业合规文化构建过程中必不可少的一环。

需要强调的是，这种企业内部逐层追随效应的发生依赖于企业最高领导层以及中间管理层对于企业合规文化态度在员工面前的展现，即无论是企业最高领导层还是中间管理层的态度，均须通过其践行或者严格执行企业合规文化的具体行为所体现，员工可以看得见的态度，而非其单纯的主观心理状态或口头表述。

现有企业合规文化建设的实践都表明，通过“企业最高领导层的强调与践行—管理层支持与执行—员工的接受和遵循”这样一种自上而下的合规文化贯彻路径来构建企业合规文化，是目前来看最有效、也最符合现代企业管理架构特征的机制。

2. 由内而外地拓展企业合规文化

现代商业的竞争逐渐完成了从“企业与企业之间的竞争”到“商业网络之间的竞争”的过渡，任何一个商业主体的核心竞争力不再仅仅是其生产的产品或提供的服务，而是其通过其产品和服务建立起来的稳定而庞大的商业网络。在这些通过商业网络串联起来的商业主体利益共同化的过程中，风险也在相互传导，在这样的商业网络中，没有任何一家企业能够独善其身。

典型的例子就是医药行业中的CSO公司，“两票制”出台前，大量的CSO公司在为医药企业提供合同销售服务的同时也为一些医药企业提供“过票”服务，合规经营的医药企业因为CSO公司这种不合规的“过票”行为被牵连卷入监管机关调查的事件时有发生。因此，越来越多的企业在构建自身合规文化的同时，也逐渐开始重视对商业合作伙伴之间的合规文化的审视以及与其合规文化的共享。

我们注意到，很多企业正在逐步地在以其为核心的商业网络中将其企业内部的合规文化推行拓展至商业网络中的其他企业，它们希望通过企业合规文化的同化，达到整个商业网络内部风险防范的一体化，降低自身合规风险。在高风险的商业领域，这种合规文化拓展的机制已经成为一种趋势。而这种拓展机制的具体措施包括以认同本企业合规文化作为交易的前提、将本企业合规文化内涵转化为交易合同条款以及与多个具备一定条件的商业合作伙伴共建商业文化联盟等较为新颖的措施等。例如某国内知名的国有控股的上市医药公司，与其认可的部分分销商基于对商业及合规文化的认同，建立了商道同盟，各方均致力于对共同商业和合规文化的贯彻以及其他合规机制的建立，共享合规建设成果，同盟之内的分销商在一定程度上享有优于一般分销商的交易权益。

本节所探讨的合规文化拓展机制可能与企业所采取的部分商业合作伙伴管理机制的具体措施相同，对于该部分措施，我们会在关于商业合作伙伴管理机制的章节详细进行讨论。

第三节　合规培训机制

（一）合规培训机制的作用

企业培训机制在企业日常经营和管理活动中已经被普遍采用，但常见的企业培训主要集中企业业务、员工技能等方面，生产制造业的企业可能会同时聚焦于生产操作及生产安全等方面的培训。而近年来，随着企业对合规管理的重视，以企业合规管理或者具体的合规管理措施执行为主题的培训正逐渐成为企业培训的热门板块，企业及其管理层和员工也逐渐深刻认识到了企业合规培训对于企业及其个人的作用。

我们需要强调的是，企业推行合规培训的最终目的是提高员工合规意识和能力、降低企业合规风险，但企业合规培训机制具体应当发挥什么样的作用才能保障企业合规管理体系的运行进而实现上述目的，恰恰是很多企业在推行企业合规培训机制过程中的盲区。是否能够探清这个盲区直接关系着企业合规培训机制的实效性。

首先，企业合规培训机制并不是简单的企业对培训对象的单向灌输，而是企业与培训对象之间的双向互动。企业需要在向培训对象传输合规相关的信息过程中，也应当同时从培训对象处了解企业经营和管理活动中存在的现实问题以及培训对象的真实需求，通过这样一个发现和识别的环节，企业不仅可以就此制订更有针对性的培训方案，而且可以就已发现和识别的合规风险制定对应的预防机制。也即企业合规培训机制可以发挥企业合规风险发现和识别的作用，而种种作用的发挥的前提在于企业合规培训机制须是一种互动的机制。

其次，企业合规培训机制旨在降低的不仅是企业面临的合规风险，而且还包括减轻甚至免除风险发生以后企业可能承担的责任。换句话说，企业采取合规管理保障机制是企业为了降低合规风险所应尽的义务，合规培训即是履行该项义务的方式之一，当企业充分、合理地履行了该项义务后，风险仍发生的，则不可继续归咎于企业。最新修改后的《反不正当竞争法》第 7 条对于“经营者”与“员工”之间责任的区分，以及执法实践中对该条的把握就足以体现这一点。因此，企业合规培训机制是否充分合理可能构成企业是否承担特定风险发生以后的责任的决定性因素之一，而此处的“充分合理”对于合规培训的要求，不仅仅是风险的告知与提示或者对行为苍白的指引，而是一种实质意义上对于员工行为合规可能性的提高。

当然，上述两项作用并非合规培训机制所独有的作用，其他合规保障机制也可能发挥类似作用。毋宁说，前述作用对应效果的实现，更多时候是多种合规保障机制同时作用的结果。

（二）合规培训机制的模式

就本部分内容，我们首先需要明确的是，合规培训机制不等于合规培训。企业举办合规培训并不代表企业建立了企业合规培训机制。如笔者在前文所述，作为企业合规管理保障机制的合规培训机制，应当是企业通过制度确认、并在企业内部普遍适用的措施。这种机制在实践中通常表现为对企业合规培训相关的事项，如培训周期或频率、培训主题、培训对象、培训内容的选择、培训效果的评价等，进行了详细规定的企业内部规则。但不同企业对于不同事项进行合规培训的规则设计也存在不同，笔者现就实践中存在的主要的模式进行简要介绍。

1. 定期培训

企业形成定期合规培训是企业合规培训制度化和常规化的标志。实践中，很多企业已经初步建立了定期培训的机制，但具体操作却不尽相同。有的企业结合自身及所处行业所存在的普遍性合规风险，每期针对各个风险点进行主题轮换式的培训，这种模式适合合规风险种类比较稳定的传统行业的企业；而有些企业每期的培训主题均是依据当期从该企业管理和经营活动中收集的风险点确定的相应培训主题，这种模式则适用于风险高发或者创新性领域的企业。这些模式本身并无优劣，关键在于是否符合企业的特点。与定期培训相对的是临时培训，不过我们此处所称的临时培训是指在合规培训制度化基础上所进行的非定期举行的合规培训，这种临时培训系企业针对非普遍性合规风险或者事件所开展的培训，例如，企业针对行业内临时的监管政策变化所进行的培训等。

2. 强制性培训

为了确保特定培训对象参与企业合规培训，很多企业就特定合规相关事项的培训会明确要求特定培训对象必须参加培训，并辅之以相应的与会人员签字以及处罚措施。之所以如此严格要求，是因为培训内容对于特定对象来说系其从业行为所必须理解和知晓的，例如我们常见的针对新员工就行为准则进行的岗前培训等，甚至有些事项是依法应当对该对象进行的，例如工矿企业针对矿工进行的生产或者操作规程等事项的培训等。前述强制性培训不仅关系着企业合规风险的预防，还关系着风险发生后企业责任的承担，因此在企业中实际的执行程度较高。

3. 外部培训

外部培训是指企业委托外部专业人士就企业合规相关事项针对特定对象展开的合规培训。从理论上来讲，企业就其所涉合规事项，既可以指定其内部人员作为讲师进行培训，也可以委托外部人员作为讲师进行培训。鉴于合规及其相关事项专业性较强，企业选择委托外部专家来进行特定合规事项的培训可能更为合理，例如委托会计师开展财务合规培训、委托律师开展合规管理及风险防范相关的培训。但笔者并非否认内部人员进行合规培训的合理性，企业内部从事法务或者合规工作的人员相对于外部人员更熟悉企业管理及经营活动中的实际需求，其更有利于展开针对性的培训。因此，实践中，企业合规事项的培训内容往往是外部专业人士与企业内部合规人员沟通后形成的，更符合企业的实际需求。

企业在建立自身的合规培训机制时，可以参考前述常见的模式，但不适宜过度模仿其他企业或者直接照搬其他企业的模式。每个企业都有自己的特点，即使是同行业的企业，管理模式或业务模式都可能大相径庭，合规培训的模式也应当结合其自身特点，结合所欲培训的事项内容，确定相应的培训机制。

（三）合规培训的内容

关于企业合规培训机制，另一个重要的问题在于其内容。笔者在从业过程中不止一次被企业员工问及何为合规，而这些员工不止一次接受过合规相关的培训。为什么会出现这种情况呢？经过笔者进一步的访谈及询问发现，原因在于，关于合规，不同主体的需求是不同的，千篇一律的针对不同受众展开合规基础概念的教育，显然不得要领。企业的最高领导者或决策者们需要合规为其经营决策提供参考和依据，企业的管理层需要通过合规来降低其履职的风险，而普通员工则更多地需要通过合规来保持或者提高自己的薪资。正是基于这种需求的不同，合规培训的内容也应当因人而异。

首先，针对企业的最高领导者或决策者们。这一群体通常在企业中负责决定企业的发展方向和作出重大经营决策和投资决策，他们更需要的是把握政治、经济以及社会的脉搏，尤其是国家在其所属行业的立法和执法政策的动向等，为企业的发展方向和重大决策的作出提供参考和依据，防止由此给企业带来的不利风险。因此，其所需要的合规培训的内容通常集中在因其行业立法政策和监管政策变动给企业带来的风险及其应对相关的解读等。当然，通常国有企业的最高领导者或者决策者们除了上述内容外可能对其个人如何尽职免责等事项也比较关注。

其次是企业的管理层，尤其是国有企业的管理层，其主要的职责在于执行企业的经营及管理方面的决策，如何能够无差错地完成其职责系其最大的关切。正如一个企业的财务总监无法拒绝企业财务管理及发票处理等相关的风险及处理这一话题，因此，企业管理层更迫切于知道和充分了解其履职过程中存在的风险点以及相关对策。针对其开展的合规培训，需结合其职务内容及所涉风险来展开，对其进行充分的风险提示及对策建议。

最后，针对企业普通员工，对其展开政策解读或者风险提示及应对可能并不能使其形成共鸣，甚至可能增加其对于企业合规管理等事项的疑惑。作为企业决策的最终执行者，企业员工对于企业合规管理期待更具有操作性，即如何行为方能合规的行为指引型的话题。例如，对于一家医药企业的销售人员来说，如何把握与医疗机构工作人员进行沟通和接触的尺度这一话题显然要比仿制药一致性评价这一药品生产领域的重大政策的推出这一话题更有吸引力。

当然，以上针对不同培训对象进行不同类型的培训内容划分只是就实践中常见的培训内容及培训经验的总结，并非绝对。在特定情况下，企业最高领导层也会关注行为指引层面的内容，例如上市公司的实际控制人必然需要充分了解实际控制人的行为准则，而企业普通员工也会关注行业政策变动等问题，例如医药企业的销售人员对于国家出台的医药代表备案等制度及政策时刻关注。另外，本书上一节所提及的企业合规文化构建机制必然也需要通过企业合规培训的机制来配合开展，而就企业合规文化培训，如笔者所言，自上而下的合规文化构建机制自然要求企业自上而下全体都充分接受合规文化的培训，而不以培训对象而区分。

企业合规培训机制是企业所采取的最为普遍的一种合规管理保障机制，但该机制的成熟程度以及其预期效果的实现程度仍有赖于我们在实践中继续提高与完善。

第四节　合规考核机制

(一) 合规考核机制的意义

近年来，企业在经营管理活动中片面利益最大化的理念已经发生改变，很多企业已经意识到合规对于企业实现长期持续利益的重要意义。而企业理念的转变最终也需要体现在员工意识的转变，此前以“利益至上”为指导建立起来的一系列塑造员工意识的机制也必然需要注入“合规”这一新鲜血液。企业内部考核机制作为一种与员工收入挂钩、通过评价员工行为来引导员工为企业利益而行为的措施由来已久，且一直都是企业内部最行之有效的管理机制，在此基础上进行以合规为基础的考核机制改造也成为很多企业保证企业合规管理体系运行的首选，而合规考核机制的构建必须明确其对企业合规管理体系运行的双重意义。

首先，合规考核机制是一种监督和评价机制，有利于对员工行为进行约束和指导。以企业合规管理为导向建立的企业合规考核机制，必然要求将合规作为考核员工行为和表现的要素及标准。企业就特定员工在特定期限内的职务行为的合规性以及识别和应对合规风险的能力等因素进行综合的评价，使得员工的行为的合规性以及合规能力被持续地置于管理层或其他考评者的审视之下，对员工而言，自然就形成了一种制度层面和心理层面的约束，进而降低了其行为不合规或引发合规风险的可能性。

其次，合规考核机制是一种激励机制，会促成企业员工合规意识的形成，提高员工行为合规的自觉性。通常企业的考核机制会与员工的收入直接挂钩，而这也是考核机制长盛不衰的原因。企业构建合规考核机制，将员工的行为的合规性以及合规能力作为员工可得收益数额的参考标准之一，会直接提高企业员工行为合规以及提升合规能力的自觉性和主动性，进而形成稳定牢固的合规意识。

明确合规考核机制的双重意义，也就明确了企业构建合规考核机制的原因及其在实践中的指导原则。若实践中形成的合规考评机制所发挥的效果与前文所述相左，则说明该合规考评机制仍有待调整和完善。

（二）合规考核的内容和形式

1. 合规考核的内容

我们反复提到合规考核机制是一种以合规为指导的评价机制，而合规考核的内容则是指合规考核机制中据以作出评价的考虑因素或标准，这一点恰恰是企业构建有效的合规考核机制的关键。通常企业合规考核机制的对象是企业的员工，而员工与企业合规管理体系运行的连接点则是员工对于促进企业合规管理的主观意愿、客观行为以及其促进合规管理的能力，因此，企业合规考核机制将上述三个因素纳入考核机制，作为考核的内容也是其必然选择。

我们首先需要讨论的是员工的客观行为，企业需要评价的是其行为是否符合法律法规、行业规范、企业内部规定及行为指引等一系列有约束力的规则，即其合规性。在企业构建的合规管理体系基础上，员工的合规行为是企业合规管理体系运行的源动力，因此以之作为合规考核的内容，监督和激励员工依规行事是合规考核机制的必然选择。

其次是员工的合规能力，即员工识别合规风险、应对合规风险的能力，是对员工一种更高的行为要求。员工除了依据成规行事之外，对于规定范围之外所面临的合规风险是否能够识别、是否能够应对和化解是关系到企业合规管理体系持续运转和改进的重要力量，因此将之作为考核内容，亦是在激发员工对于合规管理体系运行提供支持的能力。当然，需要注意的是，员工合规能力的培养与提升不能仅依赖于员工自身的提升，而是有赖于企业为员工提升合规能力所创建的培训教育的条件和环境，即我们在

第三节所讨论的合规培训机制。

最后，合规考核内容需要囊括的是员工促进企业合规管理的主管意愿，即员工的合规意识，这一点是对员工主观心理状态的一种要求，企业所要实现的是员工主动自觉地为企业合规管理体系运行提供支持，而非仅仅出于规则因素或其他强制因素所驱使。在企业员工都具备了合规意识这一理想状态下，企业的合规管理便只剩下操作层面的改进和完善而已。故而将员工合规意识作为考核内容是企业合规管理体系运行的更高要求。而员工合规意识的形成和提高则有赖于企业合规文化构建机制以及合规培训机制的实施与完善。

2. 合规考核的形式

笔者所称的合规考核的形式是指企业对员工进行合规考核所采取的手段或方式。实践中，企业对员工进行考核的方式不胜枚举，典型的包括定期考评、考试、检查等，甚至一些针对特定岗位人员在职期间的行为进行审计也是一种考核机制，这在国有企业中比较常见。之所以专就合规考核的形式展开讨论，是因为合规考核的形式选择并非任意即可，而是与考核对象的岗位、职务以及数量等因素密切相关，这些因素甚至会影响该考核形式的有效性，因而企业在选择考核形式时需要周全考虑。笔者现就一些常见的考核形式进行介绍。

定期考评是最为普遍的一种考核方式，任何一个在职人员，无论是在企业还是行政机关、无论是在国有企业还是民营企业，都会在特定的时点，面临企业或者单位组织对其在特定时间段内工作表现及工作能力的综合评价，以此来作为奖惩的标准。这种考核方式不仅适用于对普通员工的考核，也适用于对管理层人员的考核，甚至是对内部特定机构的考核，因而被广泛采用。但这种形式有效性发挥的前提在于，待考评的事项在特定时间段内可以通过一定记录形式呈现，否则定期考核将毫无依据。

考试在中国是一种最为传统的考核方式，对于考核对象就特定事项的了解程度或知识积累情况，它不失为一种适当的考核方式，例如企业针对员工就特定事项的操作规范或行为规范的掌握情况的考核即可以通过考试来完成。但针对考核对象就实践过程中的突发情况或意外事件的应对能力的考核，显然无法通过考试实现，而是需要在特定的情境下进行考核。

随机抽检是实践中多数企业采用的针对不特定的考核对象进行考核的方式，且通常此类考核对象或需考核的数量较多，逐一考核效率太低。例如，大型生产企业针对流水线工人是否在生产过程中完成特定操作行为或尽到注意义务进行考核，很难对所有工人进行的每一次生产操作都进行跟踪监督，采取随机抽检的考核方式反而起到震慑作用，可以提高员工每次操作规程中的注意程度。

针对一些必须在特定情境下才能够完成的考核事项，很多企业采取了暗访的形式对考核对象的行为进行考核。这种形式通常是在不提前披露考核的情况下，与考核对象就待考核事项进行沟通或者模拟特定情境，以了解考核对象在该情境下真实的行为模式和处理方式，进而对其作出评价。毋宁说此时考核的事项不是特定的成果或持续累积的行为，而就是特定行为发生的过程。这种方式通常用于针对行为细节合规性要求较高的对象的考核。

结合上述情况可以看出，没有某种考核形式是万能的，企业构建合规考核机制，除了应当首先确立适当和全面的考核内容外，还应当结合考核对象以及被考核事项的特征设置考核方式，并在制度化的基础上，开展长期、持续的考核，杜绝“运动式”的考核，以此来维持员工长期稳定的对于合规的警惕性和自觉性。

第五节　合规举报机制

（一）合规举报机制的意义

无论是 ISO 19600《合规管理体系指南》中描述的企业合规管理体系，还是实践中企业已经摸索构建起来的合规管理体系，识别和发现合规风险是企业对风险进行防范、应对的前提，合规风险识别和发现环节都在其中发挥着启动体系运行的点火器的作用。

实践中，很多企业为了提高自身识别和发现合规风险的能力，组织进行了全面的企业风险梳理，构建合规风险库，旨在就企业经营管理中面临的所有显示和潜在的合规风险进行全面的提示。这种做法在静态层面固然起到帮助企业知道风险为何的作用，但毕竟风险源自于行为，通过监测员工行为发现风险才是企业全面识别和发现合规风险所必须采取的机制，而风险库无法在动态的层面发现和洞察企业所面临的合规风险，即何种风险正在酝酿或者发生。

目前，企业并不缺乏对员工行为进行监督的制度或措施，除了自上而下的日常性监督以及部分因企业外部压力驱动的监督外，其他诸如员工对于其上级管理人员以及其他员工的不当行为进行举报的自下而上或平行进行监督的机制，受中国传统文化因素以及激励不足的影响，在国内的企业中被采用或者被有效执行的很少。

而上述这类通过举报而实现的监督机制恰恰是企业实现发现风险这一目的的核心机制，对于企业识别和发现合规风险具有重要意义。与普通日常的自上而下的监督相比，合规举报所针对的是企业内部所有人的行为，且没有就举报者与被举报者之间的职责和级别作出限制，一反常规性的企业管理讲求自上而下、各司其职的原则，旨在破除这种机制导致的监督机制的单向性和执行僵化等问题，确保企业内部全体员工，尤其是管理层人员的行为都能切实地被纳入监督的范围。同时，需要强调的是，合规举报机制的执行并不是为员工施加进行举报的义务，而是赋予全体员工对所有不合规行为进行举报的权利，员工享有举报的权利这一点本身就可以对全体员工产生震慑效应，进而形成对全体员工行为的无形约束。

（二）完善的合规举报机制需要满足的条件

我们提到，合规举报机制目前在国内的企业中被采用或者被有效执行的很少，原因不仅包括国内外企业在构建合规举报机制过程中所面临的共同问题，如对员工举报激励不足等以外，还包括中国企业所面临的一些本土化的特有问题，如传统文化因素影响及国有企业管理机制的特殊性等。为此，如何有效构建和执行合规举报机制也成了企业事务中常见且较难解决的问题。笔者根据对部分外企以及国内不同类型企业举报制度及其执行情况的了解和研究，认为从合规举报制度构建和执行涉及的各个环节角度来看，行之有效的合规举报制度应当具备以下条件。

1. 合规举报机制的构建与执行需要以明确和全面的合规举报规则作为依据。构建合规举报机制并非一部举报热线电话和一句举报不合规行为的号召就足够的，有效的合规举报机制的执行需要企业首先通过明确的制度规则对举报的渠道、举报的程序、受理举报的主体、举报事项的处理程序和反馈、举报事项的处理结果、对举报者的激励等诸多事项进行确定。

2. 在合规举报制度形成的基础上，企业应当为员工举报设置便捷的举报渠道。通常企业会为客户投诉等提供充分便捷的渠道，但由于内部举报的特殊性，其举报渠道的设置，往往会被忽略。尤其是渠道是否便捷，成为推动举报机制运行的关键节点。笔者此处强调的“便捷”除了快速方便之意外，还包含了需符合举报人需求之意，例如，有些匿名举报者举报时必然不希望所使用的举报渠道暴露其身份，因此电话举报可能会成为其举报时的后顾之忧。企业就举报渠道不应设置太多限制，原则上便于信息传输的方式都应当予以认可。

3. 企业合规举报事务应当由独立的人员或部门负责受理和处理，且该部门或人员需要有充分的处理举报事项的权限。本书其他章节也反复提到过企业合规管理机构应当具有独立性，同样，对于企业接收和处理举报事项的人员或部门，也必须具备独立性，应由企业最高的合规部门负责，不受其他部门或人员牵制，以保证其处理举报事项的公正与中立。此外，该人员或部门也具备依据法律法规或企业内部规定就举报事项进行查证、处置或决定移交有权机关的独立权限，若任何举报事项的处理均需受制于请示报告或与其他部门的沟通协调等机制，则必然会使该部门或人员沦为举报事项的转达者，举报机制的设立目的也会形同虚设。

4. 举报事项受理后，受理人员或部门应当及时查证或处置该事项，且原则上应就处理结果对举报人进行及时反馈。合规举报机制并非仅仅是举报事项的收集机制，同时也是举报人所报事项或者其诉求最终得到解决的通道。如果企业根据举报人提供的举报事项或线索进行查证，并进行处理，但未就处理结果向举报人进行及时反馈，不仅与合规举报机制设立的初衷不符，也有可能打击举报人举报不合规行为的积极性，在企业内部产生反向激励，甚至可能导致内部矛盾激化而将企业内部问题外化，给企业带来来自媒体、社会或者监管机关的压力。

5. 企业应当为举报人提供一定激励措施，以鼓励员工举报不合规行为。由于受中国传统文化的影响，“明哲保身”或“不得罪人”等观念在企业中也较为盛行，多数情况下，在不危及个人利益的情况下，很少有人会主动就不合规行为进行举报。因此，对于举报的激励措施，在国内的企业尤为必要。但笔者同时也认为，激励措施应当以举报事项查证属实为基础，否则可能会引发不实举报的风潮，反而会给企业造成其他问题。

6. 企业应当为举报人提供充分的保护措施。企业受理举报事项的个人或部门应当对举报者的信息负有保密义务，无论举报者采取的是匿名还是实名举报的方式，具体而言包括不得透露举报者信息或其他可以推知举报人身份的其他信息的义务以及消除举报人信息记录等措施。这一制度安排除了旨在防止举报者被打击报复外，也是出于对告密者并不友好的文化背景的考虑。

上述条件是笔者认为有效的合规举报机制所应具备的几个基

本条件，并非全部条件。在实践过程中，不排除企业会结合所处行业或者企业类型的特点，增加或者调整合规举报机制中与前述条件所对应的措施或制度，以促进其合规举报机制的有效执行。

（三）企业合规举报事项处理的特殊问题

笔者在前文已经提到，合规举报机制同时也是举报人所报事项或者其诉求最终得到解决的通道，因此，合规举报机制往往需要配备相应的举报事项处理措施，尤其是举报事项的查证措施，例如核查文件、询问经办人等。但举报事项在企业内部影响力较大或者情况较为复杂的，可能无法通过简单的查证措施进行确认，此时可能需要启动综合的内部调查措施予以核实，而这种措施在实施过程中可能会涉及一些特殊问题，尤其是涉及法律等相关的专业问题，需要特别注意。

首先是内部调查措施的合法性问题。企业在开展内部调查过程中，针对员工可以采取哪些调查措施？是否可以直接搜查员工办公室、拷贝员工个人电脑内的数据？是否可以对员工进行强制性的询问？这一系列问题均是企业采取相关措施前应当予以确认和评估的。很多企业已经意识到了前述问题，在与员工的劳动合同中甚至明确约定了员工在特定情况下配合进行调查或者接受询问的义务，但企业并不必然据此就获得了强行采取任何措施、要求员工接受调查或询问的权利，尤其是其采取的措施涉及限制员工人身自由或侵犯员工隐私权的情况下，甚至会对企业自身造成不利影响。而与此同时，权且不论该类劳动合同条款效力如何，在实际执行过程中也存在无法执行的情况，例如员工不配合调查或询问，该行为也不属于《劳动合同法》规定的可以约定违约金的情形，尤其是在员工已经离职或者拟离职的情况下，该类条款对员工个人的约束力事实上也无法得到保障。因此，实践中企业采取既合法又具有实际可操作性的措施需要从法律、管理以及经济激励等各方面综合考量和探索。

其次是内部调查所获证据的效力及处置。企业通过内部调查所获得的材料的法律效力如何，是否可以在民事诉讼或刑事侦查及诉讼程序中使用？对于不利于企业的证据材料该如何处置？尤其是在涉及跨国公司的跨境内部调查时，所获证据材料是否可以在另一法域中直接使用？或者是否可以直接向境外调查机构或司法机关提交等均是需要进行专业评估以后进行确认的。近年来随着国内外关于数据运用、传输等方面的监管以及对隐私权保护趋势的加强，在涉及电子数据证据的采集、运用、传输，尤其是涉及跨境数据传输等问题时，将受到来自多边的监管和约束，更为复杂，任何环节的不合规都可能导致相关的电子证据材料因为来源或采集方式等问题而不被纳入事实认定的范围。因此，这也是企业后续需要进一步加强合规管理和吸收专业人士意见的领域。

企业内部调查作为一种综合性的措施，在实践操作过程中可能遇到的问题并不限于上述问题，笔者此处所提及的只是实践中的常见问题和难点。应对这些问题，企业除了在调查过程中需要专业机构提供协助外，也需要在日常管理过程中为企业内部调查措施提供条件，例如通过劳动合同、员工承诺或其他书面形式确认员工配合企业采取内部调查措施的义务或者获取企业在一定范围内使用员工的物品或者信息的许可等。这也是需要企业在推进合规管理保障措施建立过程中的必经之路。

第六节 商业合作伙伴管理机制

（一）商业合作伙伴管理机制所需考虑的因素

笔者在前文中已经提到，在通过商业网络串联起来的商业主体利益共同化的过程中，风险也在相互传导，在这样的商业网络中，没有任何一家企业能够独善其身，除了通过向商业合作伙伴拓展企业自身合规文化，提高防控共同面临的合规风险的能力外，更为直接的方式是企业直接监督或参与到商业合作伙伴的合规管理过程中。但实践中，企业实际所采取的商业合作伙伴管理政策和措施因其所处的市场地位以及商业关系所涉及的合规风险的不同而各有不同。

关于商业合作伙伴管理机制，企业首先要考虑的是商业合作伙伴的范围。并非任何与企业发生交易的主体都可以被定义为商业合作伙伴或者需要企业对其采取相应的管理措施。通常企业需要结合商业合作关系紧密程度、重要性及战略意义等，划定商业合作伙伴的范围，即需要确定企业采取措施对其经营管理活动的合规性进行监督和管理的交易相对方范围。对于一些交易网络相对稳定的企业，通常可以在现有交易相对方中直接进行筛选，较为便捷。而对于一些正在进行业务拓展或者交易相对方流动性较强的企业，则可能需要其结合合作关系的紧密程度和重要性等因素，明确设定商业合作伙伴需符合的标准和条件以及认定程序，为其甄别商业合作伙伴提供明确的制度指引。而对于那些业务种类较多、交易相对方类型多样的，则有必要形成对交易相对方更为具体的，多层次的商业合作伙伴分类和定位机制，以便企业类型化地实施对其的管理机制。而那些偶尔与企业发生交易、不涉及企业核心业务的交易相对方，其对企业传导合规风险的可能性较低，通常会被排除出“伙伴”的范围，仅通过协议或者其他形式进行风险隔离或者责任切割即可，若强行将之纳入“伙伴”范畴并采取一系列管理措施，反而会降低商业效率。

在划定商业合作伙伴的范围和类型之后，企业所需要考虑的便是企业可以针对特定类型的商业合作伙伴所采取的监督和管理措施。实践中常见的措施包括对交易相对方进行前期的财务和法律尽调，在协议中约定对其的质询、检查、审计及调查的权利等，要求签署合规承诺书，在协议中约定其合规管理应符合的标准，对其进行合规管理培训以及约定其或其员工违反合规管理义务或标准的违约责任等。这其中有的系对合作伙伴合规风险进行管理的基本措施而被企业所广泛用于和商业合作伙伴的关系中，例如要求签署合规承诺书等，而有些措施，例如审计权、检查权等，由于其涉及对商业合作伙伴经营管理活动的重大监督与干预，则需要企业依据交易相对方的市场地位、交易的特点、交易所涉风险等方面综合考虑而予以实施，甚至通过与交易相对方进行反复洽谈后确定，并非单方可以直接确定。因此，企业构建商业伙伴管理机制不仅要通过制度化的方式确定对不同类型的商业合作伙伴应当采取何种合规风险管理措施，而且要针对特殊客户和交易时就管理措施事项如何裁量以及裁量决策程序制定规则。

由此也可以看出，对商业合作伙伴的管理机制，与本章其他部分所探讨的机制不同，其针对的更多的是企业外部的风险源，其构建与实施也有赖于企业充分协调企业内外部关系，实施过程中可能面临更为复杂的问题。

（二）商业合作伙伴管理机制的内容与措施

1. 商业合作伙伴管理机制的内容

如前文所述，企业采取商业合作伙伴管理机制的目的在于通过对商业合作伙伴的监督和管理，防止合作伙伴合规风险向本企业的传导或避免本企业因合作伙伴合规风险而承担责任。因此，企业就商业合作伙伴所采取的管理机制所针对的也主要是商业合作伙伴可能产生合规风险的源头，包括其经营管理活动、员工的业务行为以及就其合作伙伴合规风险的管理等事项。

商业合作伙伴的经营管理活动是其合规风险的主要来源。一旦商业合作伙伴业务模式、管理制度存在不合规情形或合规风险管理漏洞，该风险就很有可能通过企业与其之间的合作关系或具体的交易传导至企业，例如，二者之间的交易可能因为合作伙伴的不合规情形而在履行或目的实现层面存在障碍或者导致企业被牵连进而被监管机关关注或者纳入调查范围，因此，企业对于商业合作伙伴，尤其是业务关系密切的商业合作伙伴的经营管理活动的合规性要进行充分的调查、评估和持续监督。

商业合作伙伴员工的业务行为是商业合作伙伴经营活动的具体体现，对商业合作伙伴的经营管理活动进行监管，离不开对其员工业务行为的监管。通常对其员工业务行为的监管分为两个层面：一是通过其合作伙伴对员工行为管理制度执行的情况进行监督，间接约束员工行为；二是通过直接对合作伙伴员工的行为进行指导、检查或者处罚等措施直接约束其员工的业务行为。企业在对合作伙伴的员工行为监督过程中，是否同时采取两个层面的监督及如何均衡两个层面的监督，有时则取决于交易双方之间的市场地位对比以及合作伙伴已有制度的完备性。

而商业合作伙伴对于其合作伙伴合规风险的管理，则进一步扩大了企业对商业合作伙伴管理机制的适用范围，这种管理需求存在于多方构成的产业链中的企业，例如生产企业的产品在流通环节中，可能需要对经销商、分销商及终端零售商的合规风险进行全面把控。实践中对这一事项的监督方式也涉及通过商业合作伙伴间接监管和直接监管两个层面，这也取决于该产业链中的企业之间相互的协商与整体的合规风险管理水平。

笔者在从业过程中也逐渐发现，对于商业合作伙伴进行管理目前主要存在的是监管不全面以及监管措施难以落实等问题。对于监管不全面的问题，需要企业根据上述三点内容以及其行业的特点进行完善，但监管措施落实等问题则更多地取决于事前对监管措施的选择是否合理。

2. 商业合作伙伴管理机制所采取的措施

上文已经提到了一系列诸如对交易相对方进行前期的财务和法律尽调，在协议中约定对其的质询、检查、审计及调查的权利等，要求签署合规承诺书，在协议中约定其合规管理应符合的标准，对其进行合规管理培训以及约定其或其员工违反合规管理义务或标准的违约责任等对商业合作伙伴进行合规风险管理的措施，但如何有效地将这些措施配置到适合的合作伙伴之上，使其有效发挥监管功能构成了实践中企业面临的一大难题。

笔者在此拟以曾经参与处理的某国际知名新型产品及软件供应商 A 公司针对其在中国境内的某经销商 B 公司进行审计和内部

调查的案件为例，探讨关于对商业合作伙伴的审计和调查权的实施问题。该案件系因A公司怀疑B公司与其次级经销商C公司相互串通骗取A公司就特定批次的不符合特价条件的货物给予特价优惠，而基于其与B公司之间的《经销协议》要求对B公司的人员及材料进行调查并进行专项审计。B公司实际并不存在A公司所怀疑行为，骗取特价单所需的材料均系C公司伪造，但当时经办人员也已经离职，B公司在应对A公司的调查过程中一直无法证明自己并未参与C公司的不当行为，A公司拟对B公司依约执行罚金条款。该案的症结在于，A公司和B公司均未对C公司采取过任何合规管理措施，尤其是B公司，在与C公司的经销协议中，未设置与A公司对其采取的合规管理措施相一致的合规管理措施，导致不当行为的作出者和知情者C公司一直无法被纳入调查和审计的范围。B公司由此也只能在先行向A公司承担相应的责任后向C公司追偿。

该案中，A公司对于其经销商B公司的管理自然值得称道，不仅在《经销协议》中约定了调查权和审计权，而且就上述权利无法实施或者实施后无实质结果的情况下的责任承担规则进行了明确约定，使得A公司在交易中的损失几乎在任何情况下都能及时得到弥补。更值得关注的是，A公司对B公司的调查，系基于对B公司提起特定订单审批之后、进行后续持续的过程中，发现了与该订单情况极其相似的招标公告而发起的，可见其对商业合作伙伴的持续关注和管理的力度。而反观B公司，则不仅未对C公司提起的交易进行细致的审核，而且在对A公司承诺负有将其次级经销商纳入监管范围的义务的情况下，未与C公司约定任何调查或者审计的权利，导致其因C公司的不当行为将承担经济损失。

通过二者的对比，笔者不仅仅想说明，约定调查权或审计权具有重要意义。更重要的是希望读者能够注意，对商业合作伙伴所采取的合规管理机制实际上是嵌套在整个商业网络之中的，尤其是作为产业链之一环的企业，其对商业合作伙伴的管理措施首先应当考虑下游企业可能为其带来的风险，针对风险制定相应措施，同时也应当考虑上游企业对其施加的监管要求，需制定与上游企业要求相对应的控制和监管措施。这不仅是决定是否约定调查权或审计权需要考虑的因素，也是企业就特定商业合作伙伴制定和选择监管措施都应当考虑的问题，纵然企业与合作伙伴之间的市场地位因素会产生一定影响，毋宁说这仍是企业制定和选择对商业合作伙伴的监管措施时的指导性思路。

本章的最后，笔者想强调的是，合规管理保障机制源于企业实践，其提升和创新也源自企业对合规管理体系建设的探索之中。本书无法穷尽所有企业正在实施的有效的各种保障机制，仅就常见或者典型的机制进行介绍和探讨，希望能够为企业实践提供参考。

第七章　中国企业海外合规的重点问题

第一节　反海外腐败

一般认为，狭义的合规就是指反腐败合规，中国企业不仅面临国内的反腐败法律法规和监管压力，在海外运营时，还必须接受所在国家和相关国际组织的反腐败、反商业贿赂监管，其中比较具有代表性的是美国1977年颁布的《反海外腐败法》、英国2010年《反贿赂法》、世界银行集团对腐败行为的制裁和《诚信合规指南》等。美国的《反海外腐败法》具备域外适用效力，借助美国强大的综合国力和有力的制裁手段，多年来让世界上不少知名跨国公司及其高管受到严厉处罚。中国企业和高管不仅没有例外，而且还成为美国证券交易委员会和司法部《反海外腐败法》执法的重点。

（一）美国《反海外腐败法》（FCPA）合规解读

1977年，美国国会通过了《反海外腐败法》，以遏制当时美国公司普遍存在的商业贿赂现象。《反海外腐败法》包括反腐败条款和会计条款。反腐败条款，主要治理个人和企业贿赂外国政府官员，以获取交易机会的违法行为；而会计条款，则对发行人施加会计记录和内部控制方面的要求，禁止个人和企业伪造账册或者规避内控措施。违反《反海外腐败法》的行为主体可能承担行政责任和刑事责任，包括罚金/款、没收财产、有期徒刑、制裁等。

1. 反腐败条款

《反海外腐败法》禁止以影响外国官员决定或者获取其他不正当优势为目的，向外国官员提出支付、实际支付、承诺支付、授权他人支付金钱或者其他有价物。

（1）适用主体

《反海外腐败法》适用的行为主体包括三类：第一类是发行人，包括在美国全国性证券交易所上市的公司，或者在美国进行柜台交易报价并定期向美国证券交易委员会报告的公司，包括美国以外的公司。第二类是国内主体，包括任何美国公民、国民或者居民，以及任何在美国注册成立、主要营业地在美国的企业和组织。第三类是在美国境内进行腐败性支付的任何外国主体。值得注意的是，上述三类主体的股东、高管、雇员、代理人等也可能基于《反海外腐败法》被追诉。

（2）行为要求

首先，该支付必须具有“商业目的”，即支付意在引诱或者影响外国官员使用职权，帮助任何人获得、保持商业机会，或者将商业机会导向某人。其次，该支付必须具有“腐败性”，即支付的意图是引诱被支付者滥用职权。再次，该支付必须出于“故意”，即行为人基于法律常识知道该支付是非法的。最后，除支付金钱之外，提供“任何有价值之物”也可能构成腐败，包括：礼物、旅游、娱乐、公益捐赠等。《反海外腐败法》本身没有规定腐败性支付金额的起算点，但如果支付数额不大且不持续，那么很难认定为该支付有不当影响政府官员的企图。

（3）支付对象

《反海外腐败法》禁止向外国官员进行腐败性支付。“外国官员”是指：1）任何外国政府部门、机构雇员、官员或者代表政府行事的主体；2）外国政党或者政党官员；3）外国政府职位候选人；4）其他任何可能导致利益向前三类主体输送的主体。值得注意的是，为外国政府所有或者控制的组织、机构和实体工作人员，也可能被视为广义的“政府官员”，比如国企员工。

（4）抗辩理由

面临《反海外腐败法》项下指控时，可以提出两点积极抗辩：一是被指控的支付在外国法项下是合法的；二是支付本身是合理善意的，比如：政府官员的差旅和住宿费，而且该支付和产品或者服务的推介、展示、解释，或者和签署、履行与外国政府的合同直接相关。同时，除上述两点积极抗辩外，《反海外腐败法》项下还可以提出追诉时效抗辩。

2. 会计条款

《反海外腐败法》中的会计条款禁止伪造会计记录，包括“账簿与记录”条款和“内部控制”条款。在“账簿与记录”条款项下，发行人必须合理细致地记录和保存会计账目，以准确公允地反映发行人的交易和财产处分情况。在“内部控制”条款项下，发行人必须设计和维持，足以确保管理层对企业财产控制、权力和责任的内部会计控制系统。

会计条款，适用于任何在美国全国性证券交易所进行证券交易的发行人，也适用于任何在美国进行场外交易、并定期向证券交易委员提交报告的公司，但不适用于封闭公司。发行人还必须确保，其持股过半数的合并报表子公司遵守会计条款要求。对于持股50%或更低的子公司，发行人必须进行善意努力，确保子公司设计和维持，与发行人在《反海外腐败法》项下义务相一致的会计内控体系。

3. 行为后果

美国司法部和美国证券交易委员会都是《反海外腐败法》的执法机关，视行为严重程度，可能由美国司法部对违法主体进行刑事指控或者行政处罚，也可以由美国证券交易委员会对违法主体进行行政处罚。

（1）刑事责任

违反腐败条款，公司或者其他商业实体将面临最高200万美元的罚金；公司的股东、董事、代理人等，则面临最高25万美元的罚金和最长5年有期徒刑。违反会计条款，公司或者其他商业实体面临最高2 500万美元的罚金；个人面临最高500万美元的罚金和最长20年有期徒刑。

（2）行政处罚

违反腐败条款，公司或者其他商业实体面临最高1.6万美元的罚款，作为上述实体雇员的个人也是如此。违反会计条款的行为，证券交易委员会可以处以不超过以下两种金额较高者的罚款：（a）被告违反会计准则的毛获利；（b）固定金额：个人罚款是0.75万美元到15万美元；对于公司是7.5万美元到72.5万美元。

（3）间接后果

除了刑事责任和行政处罚之外，违反《反海外腐败法》可能面临中止或者禁止与联邦政府签订合同、多边开发银行的联合制裁、中止或者撤销某些出口权利等后果。

（二）美国《反海外腐败法》执法案例分析

《反海外腐败法》同时适用于企业和个人。近年来，我国企业高管被美国司法部指控行贿的案件，引起了广泛关注。2019 年 3 月，中国某能源公司高管因为向非洲国家政府官员行贿，涉嫌违反美国《反海外腐败法》，被美国法院判处有期徒刑 3 年，并处罚金 40 万美元。

2014 年，该公司将能源业务扩展至非洲。通过塞内加尔前外交部长的牵线搭桥，该高管以公司领导人的身份向乍得总统“捐款”200 万美元作“慈善”用途，但遭到乍得总统的拒绝。其后，该高管通过纽约一家银行转账 40 万美元给予牵线人员作为“答谢”。另外，该高管以公司名义通过纽约一家银行向乌干达外交部长转账 50 万美元，审理该案的美国法院认定，上述转账是为了换取公司在乌干达的并购交易机会及其他商业利益而进行的商业贿赂。2017 年 11 月，该高管在纽约被捕，被指控违反美国《反海外腐败法》进行行贿，并涉嫌洗钱。2018 年 12 月，美国法院判决该高管被指控的七项罪名成立。

该高管的罪名之所以成立，主要有以下三点原因：首先，该高管通过纽约银行账户汇款，被视为运用美国银行系统行贿。凡是在美国领土之内，利用美国的邮政系统或者任何跨州的商业方法和手段，实施商业贿赂等行为的，都可能违反美国《反海外腐败败法》。其次，该高管兼任弗吉尼亚州某慈善组织秘书长，该组织属于美国《反海外腐败法》下的“美国国内主体”，因而该高管构成了“美国国内主体”的高管。最后，该高管商讨贿赂的多次会面，均发生在该能源公司在纽约的办公室和纽约联合国总部。因此，该高管被认定为在美国境内进行了贿赂行为。

从本案可以看出，《反海外腐败法》的适用范围非常广泛。对于跨国公司及其董事、监事、高级管理人员、普通员工，甚至代理人而言，只要代表该企业利用美国通信、银行系统进行贿赂，即使贿赂对象并非美国人，也有可能遭受美国《反海外腐败法》调查和执法。

（三）中国企业反海外腐败合规建议

中国企业应充分认识和认真对待外国政府和国际组织的反腐败监管，降低国际营商的腐败风险；既要增强风险防范意识，高度重视可能引起违反《反海外腐败法》等的潜在因素；同时，企业也应实际建立反腐败合规体系，为企业及员工在实践中进行反腐败合规提供制度基础。

首先，反腐文化建设是企业反海外腐败的重要一环。我国企业应加强各级员工的反腐败合规培训和指导。针对行业特点，以案例分析等方式，对企业员工进行反腐败培训。在员工行为手册中，提示根据反腐败法规应遵循的行为规范，并在员工培训中详细解释，促进企业员工对反腐败规定的理解与遵循。只有企业员工充分理解和配合反腐败工作，反腐败合规体系才能发挥其真正作用。

其次，企业应处理好正常交往与商业贿赂的关系。企业合规，不是对中国礼尚往来文化传统的全盘否定。商业往来中，安排宴请、适度赠礼等合理交往行为是合法的。但需要注意的是，美国《反海外腐败法》中允许支付的款项是十分有限的，且金额不宜过高。不只是金钱，任何有价值的给付都有可能构成行贿。因此，应确保企业的相关行为不存在贿赂的主观目的，并维持在正常合理的范围内。

再次，一旦发现可能存在腐败行为，尽量在国外相关政府部门介入前，积极开展反腐败内部调查。调查的方式，可以是由企业进行自主调查，也可以聘用第三方如律师事务所进行反腐败合规调查，并制作调查报告。在评估域外法适用的法律风险和责任后果后，采取相应的措施，对搜集的信息进行合理处置，对相关人员进行妥善安排，并视实际情况决定是否以及如何向外国监管部门自愿披露。

最后，一旦外国监管部门开展反腐败调查，我们建议企业积极配合外国监管部门的调查，并严格遵守和执行与监管部门签订的生效和解协议或者外国法院作出的生效判决，以避免遭受类似中兴没有严格执行和解协议而遭到更严厉处罚的不利后果；同时，按照和解协议和生效判决要求，追究有关人员责任，加大合规资源投入，弥补合规漏洞，建设高水平的合规体系，实现企业在合规运营下的长远健康发展。

第二节　出口管制与经济制裁

近年来中美贸易摩擦频仍，我国“走出去”的企业往往成为大国角逐系统化风险下的受害者，遭受美国出口管制和经济制裁的法律风险大幅上升，一旦违规，往往面临巨额罚款、被切断供应链等严重法律后果，在某些情形下，企业高管甚至可能承担个人责任。因此，在当下，出口管制与经济制裁在我国“走出去”企业的合规体系建设中备受关注。

(一) 美国出口管制与经济制裁制度解读

出口管制（Export Control），是指国家出于政治、经济、军事和对外政策的需要，对出口国别和出口商品实行控制，以加强对本国出口贸易活动的管制。而经济制裁（Economic Sanctions），则指某国对破坏国际义务、条约和协定的国家，在经济上采取的惩罚性措施，包括金融制裁、贸易制裁、旅行制裁和民航制裁等。

在出口管制领域，美国已逐步构建了完整的法律体系。早在1929年，美国就制定了《原子能法》（Atomic Energy Act，AEA），禁止向没有签署《不扩散核武器条约》的国家转让或出售任何可能以民用名义购买但用于军事目的的核技术或核原料。1969年，为适应新的出口管制需求，美国国会通过了《出口管理法》（Export Administration Act，EAA），取代了执行20年的《出口管制法》（Export Control Act，ECA）。1976年，美国通过了《武器出口管制法》（Arms Export Control Act，AECA），对国防物资、国防服务和经济活动的出口进行管制。由于《出口管理法》仅就民用和军民两用物项的出口管制作出了概括性的规定，实践中，尚需可操作的规则予以执行。为此，美国商务部在1988年制定了《出口管理条例》（Export Administration Act，EAR），作为美国出口商从事出口活动时必须遵循的指引规则。

2018年8月，美国通过了《2018年出口管制改革法案》(Export Control Reform Act of 2018，ECRA)。该法案为现行两用物项出口管制提供了法律基础，并扩大了美国出口管制法的适用范围，尤其是增加了对美国“新兴和基础技术”（“emerging and foundational technologies”）的出口管制。该法案的相关规则，成为我国企业贸易活动尤其是技术出口的最新限制。

美国的经济制裁措施，与出口管制制度紧密联系，如美国把伊朗、古巴和苏丹等五个国家列为全面禁运国，同时，它们实际上也是美国经济制裁的对象。不过，经济制裁的范围远大于出口管制的，是采用断绝外交关系以外的非武力措施进行的强制措施，如全面停止进出口等。在经济制裁领域，美国严禁涉及下列因素的交易：向特别指定国民（SDN）提供重要支持或与其进行重大交易、进行大规模杀伤性武器扩散、侵犯人权、国际恐怖主义等。早在1917年，美国颁布了《与敌人贸易法》(Trading with the Enemy Act of 1917，TWEA)，授权总统在战时监督和限制与敌国之间的贸易活动。1917年至1976年间，该法一直是美国总统实施经济制裁的重要法律依据。1976年，美国国会通过了《国际紧急经济权力法案》(International Emergency Economic Powers Act，IEEPA)，赋予总统在和平时期对国际经济事务行使紧急状态权力。另外，《1996年反恐怖主义及有效死刑法案》(Antiterrorism and Effective Death Penalty Act of 1996，AEDPA）从刑法层面规范了对生物药剂的管制，严格要求研究用生物药剂的运输与存储安全。

违反美国出口管制规定的企业或个人，可能承担民事、刑事责任，或被纳入“出口管制黑名单”或“制裁清单”。若企业被纳入美国“出口管制黑名单”，如实体清单（Entity List），则其受控商品的出口、再出口和国内转让，皆需获得许可证；同时，美国商务部产业安全局（Bureau of Industry and Security，BIS）对其出口许可申请的审查，适用推定拒绝且其不适用许可证豁免。针对违反美国经济制裁法律法规的行为，相关人员、实体可能被处以民事、刑事处罚或被纳入制裁清单。被纳入制裁清单，如特别指定国民名单（SDN名单），将导致企业在美财产被冻结，贸易伙伴会被禁止与其进行交易；至于自然人，则可能被禁止入境美国等。

（二）中国企业出口管制与经济制裁案例分析

2017年，美国某半导体公司以窃取存储芯片关键技术为由，在加州联邦法院起诉中国福建某半导体公司。随后，被起诉的中国半导体公司在国内反诉该美国公司涉嫌专利侵权。2018年7月，受理反诉的中国法院发布诉中禁令，临时禁止该美国公司在中国销售多项案涉半导体产品。

随后，美国商务部根据《出口管制条例》第744部分补编第4号的规定，于2018年10月29日将福建该公司列入实体清单，对向该公司出口、转出口或转让原产自美国的受控产品和技术施加额外的许可证要求，事实上切断了该公司从美国进口相关技术和产品的渠道。美国商务部产业安全局作出上述决定的理由是，鉴于该公司基本实现了动态随即存取存储器（DRAM）集成电路的大规模生产能力，这一生产能力威胁到美国军事系统的供应商的长期经济生存能力，构成针对美国国家安全利益的重大风险。考虑到这种技术可能来源于美国，美国商务部产业安全局决定对该公司进行出口管制。

禁令发布之后，作为该公司商业伙伴的美国半导体设备供应商、芯片设计工具供应商技术人员悉数撤离，原先供应的几台设备和关键材料全部撤出或暂停出货，就连与其合作开发技术的台湾地区某公司也接到“国贸局函令”，暂停与该公司的合作，直到美国对其出口管制解除后，才考虑恢复合作。美国商务部的上述出口管制决定，直接导致该公司总投入 53 亿美元的新厂项目被无限期搁置。

2019 年 1 月 25 日，该中国公司向美国商务部最终用户审查委员会提交信函，声明公司准备递交正式申诉，要求移出美国商务部实体清单；同时要求美国商务部提供其最终用户审查委员会作出处罚决定所依据的文件材料。该公司希望澄清其生产并不存在危害美国国家安全的风险，而且该公司始终如一地遵守美国法律。

（三）中国企业出口管制与经济制裁合规建议

在中美贸易摩擦频仍的大背景下，国内企业在海外运营时应当加强忧患意识，加强自主研发能力，同时丰富供应商渠道，避免或者减少对美国供应商的依赖。当遭遇美国国际贸易领域制裁，例如被列入实体清单时，企业可以考虑积极与上下游供应商和用户进行谈判，寻求替代性解决方案，维护自身供应链的稳定。被列入实体清单的中国企业可以在内部调查的基础上，视自身实际情况决定是否以及如何向美国商务部产业安全局内设的最终用户审查委员会提出修改或移除实体清单条目申请。除了被列入实体清单外，中国企业还可能面临其他来自美国政府的调查和执法，究其根本，海外运营的中国企业应搭建全面、高效的贸易合规体系，以识别出对外贸易中的经济制裁和出口管制风险并及时采取应对措施，进而确保今后可以持续可预期地作出合规的出口决策。

为确保美国出口管制政策的有效执行，美国商务部工业安全局（BIS）发布了出口管理合规体系（Export Management Compliance Program，EMCP）指引。根据指引要求，企业应当根据自身情况，制定与其自身经营活动相适应的出口管理合规体系，对其出口活动的合规性进行管理和监控。具体而言，高效的出口合规体系应当包括如下九大要素。

1. 管理层承诺。在出口合规机制中，管理层的承诺是建立一个有效合规机制中最重要的一环。为确保有足够的时间、人力和财力用于合规机制，出口管制管理团队的成员应参加月度合规资源和计划会议。高级管理层应该为承担合规职能的员工，提供必要的工具，使其能履行其职责。

2. 风险评估。风险评估的目的，是发现并消除企业经营中，违反美国出口管制和经济制裁规定的风险点。为此，建议建立完善的风险审核程序，包含对整个交易流程各个环节的审核和评估；建议设立专门的风险评估岗位，企业根据自身情况，设立相关岗位，以确保评估程序的有效执行。

3. 书面合规制度。为确保出口、再出口和技术转让的决定符合出口管制的规定，企业应制定正式的书面政策和程序——“出口管制合规手册”。该手册是企业所有员工的标准操作程序指南。一方面，合规手册应做到对合规关键点的全覆盖；另一方面，该手册需注意定期更新。

4. 合规培训。合规培训，是企业出口管制和合规计划的关键要素之一。所有参与出口相关职能的企业员工，包括高级管理人、承包商、顾问甚至是实习生，都应当充分了解出口合规责任。企业的全体员工，都应清楚地了解出口合规对企业和国家的重要性。

5. 出口合规审查。审查机制是出口管理合规体系的核心。企业应当与风险评估相结合，对出口产品和交易相对方等内容，进行全面筛查。根据指引，筛查机制应当包括书面筛查程序、产品的技术性筛查、交易相对方的筛查和风险提示等内容。

6. 记录保存。企业应当建立与出口管制合规有关的全套档案管理体系。根据《出口管理条例》（EAR）的规定，美国实体的出口记录应当保存 5 年，自从美国出口之日起计算。具体来说，企业的记录保存系统中应包括一般出口相关记录和与外国人、美国政府进行特定交流的记录等。

7. 合规监督与审计。企业应当建立定期的出口合规监管和审计程序，以确保按照出口合规体系预设的相关制度进行操作。具体而言，企业应配备经验丰富的审计人员，制定内部监查和保障措施，做好企业内部审计工作；同时，针对审计工作报告采取纠正措施和后续跟踪程序。

8. 违规披露。企业应当为员工举报出口违规事件提供安全便利的渠道，必要时主动向美国商务部披露违规行为，并做好接受调查和处罚的准备。

9. 整改措施。对于发现的贸易合规问题，必要时开展内部合规调查，并及时采取补救、奖惩措施。

除了建立高效的出口合规体系，为防范出口管制和经济制裁风险，中国企业还要慎重开展涉及敏感国家/地区（例如：美国、欧盟及联合国制裁国家/地区及美国出口管制 D 组、E 组国家）的贸易和投资活动；针对具有被制裁风险的业务，排除美国因素的存在；针对交易各方进行“黑名单”筛查；进行最终用户和最终用途核查；在合同中包括出口管制和经济制裁合规条款；密切关注经济制裁、出口管制法律法规及政策变动等。

第三节　GDPR 部分

（一）GDPR 的制度解读

2018 年 5 月 25 日，欧洲议会通过的《通用数据保护条例》（General Data Protection Regulation，下称“GDPR”）正式生效。作为欧盟 1995 年《关于个人数据处理保护与自由流动指令》的升级版，GDPR 更加全面、细致地对数据信息作出了保护。

GDPR 共有 11 章，99 条，包括一般条款、原则、数据主体的权利、控制者和处理者、个人数据向第三国或国际组织的传输、独立监管机构、合作与一致性、救济责任与惩罚、有关具体处理情形的规定、授权法案与实施性细则以及最终条款等章节。

1. 基本原则。GDPR 规定了数据处理的若干基本原则，包括合法、公正、透明、目的限定、数据最小化、准确性、存储限制、完整性和保密性、问责等。

2. 适用范围。GDPR 就权利义务主体和客体作出了规定。GDPR 的适用主体，亦可称为 GDPR 的适用场景，主要是指 GD-PR 对哪些人具有拘束力。依据 GDPR 第 3 条规定，GDPR 适用于数据控制者或数据处理者在欧盟境内设有分支机构；或者虽然不具备该情形，但只要数据控制者或数据处理者面向欧盟境内的数据主体提供商品或服务，或监控欧盟境内数据主体的行为，同样适用 GDPR。概括言之，在管辖上，GDPR 采取了属地加属人的管辖原则。在权利客体上，GDPR 对个人数据进行了定义，对个人数据和敏感数据作出了区分。

3. 主体权利。GDPR 对个人数据信息的保护主要采取权利模式，即赋予数据主体相应的权利以达到保护数据信息的目的。这些权利包括同意权、知情权、被遗忘权、访问权、更正权、可携带权等。被遗忘权是 GDPR 的一大亮点，该规定极大丰富了被遗忘权的内涵和边界。GDPR 第 17 条第 1 款规定，在特定情形下企业应当应客户要求删去其数据；第 2 款延长了传统被遗忘权的手臂，即企业不仅负有删除数据的义务，还需对该数据的公开传播负责，通知其他运用该数据的第三方停止利用或删除数据；第 3 款对适用被遗忘权的豁免情形作出了规定。

4. 主体义务。GDPR 不仅构建了信息数据权利体系，还以数据控制者和数据使用者为基础，搭建了较为周密的义务体系。GDPR 框架下，数据控制者应当履行的义务可分为一般义务和特殊义务。前者具有普遍性，适用于所有数据控制者，后者则适用于一定条件下的数据控制者。数据控制者和数据使用者的义务包括记录义务、安全处理义务、合作义务、数据泄露通知义务、评估义务等。这些义务有原则性的规定，也有较为细致的规定。比如数据泄露后，数据控制者负通知义务，GDPR 对这一通知义务进行了较为详尽的规定。数据泄露发生后，数据控制者应当在 72 小时内通知监管机构相关事项。在一定条件下，数据控制者还应当将泄露事项通知数据主体。

5. 主体责任。任何法律想要实际运行，离不开恰当的责任设置，GDPR 也不例外。GDPR 规定了民事责任和行政责任。民事责任以权利主体的损害赔偿请求权为核心。行政责任则主要是指，数据义务方违反义务时将受到来自欧盟及其成员国的警告、申诫、责令整改或中止数据传输，甚至罚款。除去其广泛的适用范围、新型权利义务关系外，严厉的处罚措施也是 GDPR 引发全球关注的重要原因。GDPR 根据违规程度，设置了两档罚金：第一档处以 1 000 万欧元或者上一年度全球营业收入的 2%，两者取其高；第二档处以 2 000 万欧元或者企业上一年度全球营业收入的 4%，两者取其高。

此外，GDPR 还对数据处理的正当性事由、儿童例外保护、数据保护官、数据跨境传输等方面作出了规定。

（二）GDPR 的执法案例分析

国外已经有企业因违反 GDPR 相关要求而被处罚。

2018 年年末，德国数据保护当局在德国境内作出第一例基于 GDPR 的罚单。[①] 德国聊天社交平台 Knuddels. de 因以明文方式存放其用户的账号密码，违反了 GDPR 关于数据处理安全性的要求，被罚款 2 万欧元。虽然依据 GDPR 所确立的罚款金额“两者取其高”标准，该社交平台本应当缴纳更为高昂的罚款金额，但

---

① 相关介绍参见“德国首例 GDPR 处罚案出炉，企业竟犯如此低级错误”. 资料来源：https：//mp. weixin. qq. com/s? src＝11&timestamp＝1557630612&ver＝1601&signature＝jEzksKtkmD63tljWR-lqiKF-vJV＊Cx4Ek2L3aHPnQ-VrJBwg-8dNw4-ol＊KUB-HuNa4SajdpqjZivFAcUbN8aiM5vy25XEUJYYVKCzB8M＊TcG3cHyrk3nmfVu-IZDyMdk&new＝1，[2019－05－12].

是因为 Knuddels. de 与德国数据保护当局有着较高的合作透明度和配合度，因而才没有被开出天价罚单。

2019 年 1 月 21 日，法国数据保护监管机构 CNIL 根据 GDPR 对 Google 处以 5 000 万欧元（约 4 亿元人民币）的罚款。[①] 2018 年 5 月 25 日和 28 日，法国数据保护监管机构（CNIL）收到了无业务组织（NOYB）和维权组织 La Quadrature du Net（LQDN）的团体投诉。在检查过程中，CNIL 认为 Google 主要违反了两项义务：第一，违反透明度和信息的义务，用户无法轻易访问 Google 提供的信息；第二，违反了为广告个性化处理提供法律依据的义务。虽然 Google 系统中设置了用户可以选择是否同意 Google 的相关操作，但是监管机构认为这种“同意”不是具体明确的，违反了 GDPR 的相关规定。

（三）GDPR 对中国企业的影响

GDPR 已于 2018 年生效，虽然生效地与中国相隔万里有余，但是该条例却与中国企业息息相关。

首先，GDPR 的适用范围极大，不仅会影响在欧盟境内设置机构的中国企业，还将对那些虽然不在欧盟境内，但数据处理指向欧盟境内的中国企业产生一定程度的约束。质言之，GDPR 不仅基于领土原则对欧盟域内的数据处理行为实行严格的规制，而且通过对数据对象的识别，赋予了数据“盟籍”，从而使数据本地化。

---

① 相关介绍参见“欧盟 GDPR 新政后开出最大罚单：罚款 Google 5 000 万欧元”. 资料来源：http：//dy. 163. com/v2/article/detail/E6CRC0AU0511CSHM. html，[2019 - 05 - 12].

其次，GDPR 的生效将导致中国企业在数据保护的法律适用与合规管理上产生一定的冲突和混乱。如果仅仅是 GDPR 适用范围较大，那么尚不至于对中国企业产生较大的冲击。但是，我国近年来接连出台的《网络安全法》《信息安全技术　个人信息安全规范》《民法总则》等法律法规，对个人信息、数据保护等事项作出了相应的规定。这些规定要么较为原则性，要么与 GDPR 存在冲突，因此，GDPR 的生效不仅将使中国企业的合规治理成本大幅提高，同时还将使中国企业面临如何适用法律的重要问题。

再次，GDPR 将对中国企业内部的组织结构和治理机制产生重大的影响。GDPR 围绕数据控制者和数据处理者建立了丰富的义务体系，此外还对设立数据保护官作出了规定。这些规定要求中国企业在处理与欧盟成员有关的数据时，应当在企业内部设立相应的部门和职位，并对相关人员进行必要的培训。

最后，中国企业违反 GDPR 的有关规则可能面临巨额的赔偿金额和罚款金额。尤其是行政罚款方面的罚款金额两者取其高规则，大幅提高了企业违反数据保护的违法成本。总之，违反 GDPR 的金钱成本十分高昂，企业一旦因为个人信息数据处理不合规，将可能背负巨额的债务与罚款。

（四）中国企业应对 GDPR 合规建议

中国的金融、航空、互联网、电子商务等行业早就登陆欧洲，中欧双方在个人数据保护上的摩擦也非因 GDPR 的生效方才初现端倪。GDPR 的生效只不过是对中国企业的合规治理能力提出了更为全面、更为精细和更为紧迫的要求。

1. 确立合规治理对象

信息数据的流动性，以及GDPR所确立的长臂管辖原则，加大了中国企业合规治理的难度。一方面，一些中国企业虽然没有在欧洲设立分支机构或者展开业务，但其处理数据的行为却可能受到GDPR的规制，承担GDPR项下的义务与责任。另一方面，信息数据方面的合规治理若漫无目的，则不免徒增成本，最终使企业作茧自缚，负担过重的义务。因此，中国企业根据自己的行业特征，梳理自身业务开展情况，确立合规对象，是企业进行信息数据合规治理的首要任务。企业应了解各业务处理的个人数据的来源、类型、存储位置、用途、访问权限、共享和披露情况、安全保障措施等信息，确定合规对象。确定个人数据合规治理对象，也有观点认为应将其分解为企业应当确定GDPR的保护对象、明确企业对个人数据的处理内容与方式。

2. 优化企业内部信息数据治理能力

长期以来，在我国，无论是立法、执法层面，还是企业内部，都缺乏对数据信息的足够重视，采取的数据保护方式也都是以《民法通则》中的隐私权为基础构建的简单措施。在GDPR框架下，中国企业应当重新审视内部组织机构，重新划分处理信息数据的业务部门，设置相应的职位，规划、建设自身的个人数据管理内控机制。此外，中国企业还应当根据所处行业性质，通过默认隐私保护、数据保护专员、数据影响评估、数据泄露通知等机制建立一套从产品设计到应用、从管理到流程、从规范到技术的最佳实践，以最大限度地降低合规风险。

3. 主动与监管部门沟通

由于GDPR与《网络安全法》《信息安全技术　个人信息安

全规范》《关于开展 App 违法违规收集使用个人信息专项治理的公告》等国内法律规范存在一定程度的冲突，中国企业选择不同的治理规范将适用不同的权利义务规范，构建不同的内部合规体系，承担不同的责任。因此，如何化解不同的规范适用冲突，不仅是中国与欧盟之间数据主权的较量，同样也是企业规避合规风险、提高合规治理能力的必然要求。企业在设计合规时，应当积极主动与国家网信、电信、公安、工商等有关部门沟通，了解有关部门的态度并寻求对相关问题的解决方式。同时，可通过委托律所等专业机构，与 GDPR 方的有关监管部门取得联系，以获取良好的沟通效果。

第四节　反洗钱与反恐怖主义融资

（一）美国反洗钱与反恐怖主义融资的合规解读

1. 美国反洗钱及反恐怖主义融资的立法框架介绍

美国在反洗钱（AML）以及反恐怖主义融资（CFT）方面的法律构建和发展已经相当成熟。在联邦层面，早在 1970 年联邦政府通过的《银行保密法》（Bank Secrecy Act 1970）中，为了预防和监控洗钱和恐怖主义融资等行为，便向美国的金融机构施加了大量的档案保存、报告以及设立合规性程序等义务。1986 年，美国联邦政府又出台了《洗钱控制法》（Money Laundering Control Act），将首次洗钱行为入罪。此后，美国联邦政府层面反洗钱及反恐怖主义融资相关的立法持续发展，相继在《1988 年反毒品滥用法》（Anti-drug Abuse Act1988）、《1992 年 Annunzio-Wylie 反洗钱法》(Annunzio-Wylie Anti-Money Laundering Act 1992)、《1994 年反洗钱法》(The Money Laundering Suppression Act of 1994 (MLSA))、《1998 年反洗钱和金融犯罪策略法》(The Money Laundering and Financial Crimes Strategy Act of 1998)、《2001 年爱国者法案》(USA PATRIOT ACT 2001)、《2002 年反恐怖主义融资公约实施法》(Suppression of the Financing of Terrorism Convention Implementation Act 2002)及《2004 年情报改革和防恐法》(The Intelligence Reform & Terrorism Prevention Act 2004)等法律中，分别对金融机构的审查、监测及报告等合规义务进行了更加详细的规定，并对监管机构可采取的监管措施进一步细化和明确。尤其是《2001 年爱国者法案》，专章就“减少国际洗钱行为和反恐怖主义融资”进行了规定，并对《银行保密法》进行了修改，不仅要求金融机构采取和实施以风险为基础的政策，以及监测、预防和报告洗钱或恐怖主义融资活动的程序，而且拓展了反洗钱及反恐怖主义融资相关的法律的域外效力，并增强了执法机构就洗钱及恐怖主义融资活动采取措施的权力。2017 年 5 月，美国参议院还在虚拟货币等立法空白领域通过了《打击洗钱、恐怖主义融资和造假法案》(Combating Money Laundering, Terrorist Financing, and Counterfeiting Act of 2017)，旨在减少或消除类似立法空白地带，进一步加强反洗钱和反恐怖主义融资的法律监管。

此外，美国的一些州也就反洗钱进行了立法，但方式各有不同，有些州通过单行法进行规制，有些州(如纽约州)则直接在其刑法中对洗钱行为进行了禁止。

在反洗钱及反恐怖融资等领域的国际协作方面，金融行动特别工作组（The Financial Action Task Force，FATF）[①] 一直以来都发挥着重要的作用，其制定了一系列打击洗钱、恐怖主义融资和大规模杀伤性武器扩散的国际标准的建议（FATF Recommendations）。美国是该组织成员国，不仅一直在积极地支持 FATF Recommendations 在全球范围内的推行，也在逐步将之纳入其国内法律制定以及执法过程中。此外，美国参与缔结了一系列与反洗钱和反恐怖主义融资相关的多边条约以及涉及跨境银行或其他财务资料交换的司法互助的双边协定等。

2. 美国反洗钱及打击恐怖主义融资执法机构介绍

在美国联邦政府层面，执行反洗钱及反恐怖主义融资相关法律的主要是美国司法部（Department of Justice，DOJ）、财政部（Department of Treasury）及其他一些联邦金融监管机构。联邦司法部主要负责针对违反《银行保密法》及其他联邦反洗钱和反恐怖主义融资法律行为的刑事追诉，其下设的联邦调查局主要负责对违反前述法律规定行为的调查。联邦财政部则主要负责实施和执行《银行保密法》及针对前述问题制定法规，将其大部分权力授权给其下属的两个机构行使：一个是金融犯罪执法网（Financial Crimes Enforcement Network，FinCEN），负责制定反洗钱和反恐怖主义融资相关的法规和促进联邦执法机构及金融监管机构之间的信息共享，其已经成为财政部最主要的监督和实施反洗钱和反恐怖主义融资的预防和侦查政策的机构；另一个则是外国资产控制办公室（Office of Foreign Assets Control），管理和执

---

① 金融行动特别工作组（The Financial Action Task Force），简称 FATF，是一个独立的政府间组织，旨在促进和推行反洗钱、反恐怖主义融资以及反大规模杀伤性武器扩散融资等政策，以保护全球性金融体系。

行针对特定国家或地区恐怖分子、麻醉品走私者、参与大规模杀伤性武器扩散活动的主体，及其他危及美国安全、外交和经济的主体所采取的经济和贸易制裁措施。除联邦的执法及监管机构以外，一些州在州政府层面也设立相应的监管机构，针对洗钱及恐怖融资等活动进行监督管理，例如纽约州设立了纽约州金融服务局（New York Department of Financial Services，NYDFS）。

其他联邦金融监管机构则主要负责监督、检查美国金融机构对《银行保密法》及其配套法规的遵守情况，这些机构主要包括美联储（Federal Reserve），货币监理局（Office of the Comptroller of the Currency），美国联邦存款保险公司（Federal Deposit Insurance Corporation），美国证券交易委员会（Securities and Exchange Commission），美国商品交易管理委员会（Commodity Future Trading Commission），美国国家信贷联盟署（National Credit Union Administration）等。此外还有一些行业自治组织，如美国金融业监管局（Financial Industry Regulatory Authority），美国期货协会（National Futures Association）等也推行了一系列关于建立反洗钱及反恐怖主义融资合规程序的要求。

3. 美国反洗钱及打击恐怖主义融资执法趋势介绍

近年来，美国对金融机构的监管除了反洗钱、反恐怖主义融资这两个板块外，客户尽调（Know-Your-Customer，KYC）也已成为当前金融机构监管的重点领域，尤其是 2016 年“巴拿马文件泄密”事件曝光了大量通过离岸公司避税及掩盖非法活动后，美国的反洗钱及反恐怖主义融资执法和监管机构更加重视通过法人实体从事银行及其他业务活动的透明性问题。FinCEN 于 2016 年 5 月根据《银行保密法》颁布了《金融机构客户尽职调查要求最终规则》(CDD 规则，2018 年 5 月 11 日生效)，该规则明确要求包括银行、证券公司、期货公司等在内的金融机构在为机构投资者开立新账户的过程中，要进行尽职调查，查明控制该机构的实际受益人。不仅如此，该规则还要求金融机构的反洗钱及反恐怖主义融资项目需包含针对现有客户要展开基于风险的尽职调查，受该规则约束的金融机构必须升级现有的反洗钱及反恐怖主义融资合规项目。前述规定旨在填补针对通过匿名或间接持有账户、利用金融网站实施洗钱或恐怖主义融资活动的立法漏洞，为金融执法机构提供信息，改善金融机构评估风险的能力。而这些举措对于包括外国金融机构在美国设立的分支机构在内的金融机构现有的反洗钱及反恐怖主义融资合规体系以及合规举措将产生重大影响，金融机构在后续经营过程中将承担更多的注意和查明义务。

此外，美国联邦司法部近年来也逐渐显现出了加强对美国境内外洗钱及恐怖融资犯罪追诉的趋势。甚至有研究表明，司法部在实践中已将追诉反洗钱犯罪作为调查和追诉可能违反《反海外腐败法》(FCPA) 的行为的替代性或策略性的措施，因为依据反洗钱法律相关规定，司法部在一定情况下，可以基于与 FCPA 项下犯罪行为类似的事实追诉相关金融机构及其高管或相关方构成的洗钱方面的犯罪。上述执法和监管政策的趋势，除了对美国本土企业产生巨大影响之外，对于其他合规体系建设尚不完善的赴美投资或经营的其他中国企业，尤其是金融机构来说，无疑是一项巨大的挑战。而在目前中美贸易战的大背景下，中国的企业显然在合规方面需要做得更多。

（二）美国反洗钱与反恐怖主义融资的执法案例

自2012年以来，美国联邦及部分州（尤其是纽约州）的执法机关依据反洗钱及反恐怖主义融资相关的法律频繁针对金融机构展开调查和处罚，众多国际知名的跨国银行及金融机构因隐瞒可疑交易、内部监管缺失、涉嫌洗钱或协助受制裁国家转移资金等原因被处以高额罚款。

2016年，纽约州金融服务局（NYDFS）以中国某国有银行纽约分行违反《银行保密法》及相关法规的规定，掩盖可疑金融交易为由，宣布对该银行处以2.15亿美元的罚款。根据我们上文所提到的相关美国法律法规规定，商业银行应当在内部建立有力的反洗钱合规体系，针对涉嫌洗钱的交易要采取预防、监测和及时上报的措施，该银行就是未能履行该义务。不仅如此，在DFS发现该行自2013年起通过境外代理账户实施的美元清算猛增之后，曾要求其在显著改进合规功能前不得增加此类业务，但该行并未在后续两年中对此予以重视，导致后来的高额罚款的不利后果。除此之外，根据NYDFS要求，该行还得建立有效的合规控制体系，并聘用一个可直接向NYDFS汇报的独立监测者，对后续18个月的美元清算活动予以持续调查。

上述案件并非孤例，渣打银行、汇丰银行、法国巴黎银行、德国商业银行、德意志银行、摩根大通及巴克莱银行等均受到过类似处罚。某些其他中资银行在美国设立的分支机构也屡屡传出因涉嫌洗钱被调查或处罚的消息。这充分说明，金融机构，尤其是银行在实践中不同于一般的组织或个人，是洗钱的基本渠道，银行可以说是各国反洗钱执法机关调查的前线阵地，中资银行近年来在国际上发展迅速，但在占据更多市场、取得巨大经济效益的同时也面临着更多的法律风险，因此需要充分重视和遵守所处的司法管辖区内反洗钱及反恐怖主义融资相关的立法和执法要求，即使可能因此会造成业务减少或经营损失，也需如此。

（三）中国企业在美反洗钱与反恐怖主义融资的合规建议

在目前中美关系的背景下，中国企业在美国的各种投资和经营活动必然会受到来自各方的监督和关注，对于当地反洗钱及反恐怖主义融资法律法规的规定及执法的趋势定然不可忽视，尤其是金融机构，对于内部反洗钱合规体系的建设与完善必然成为工作的重中之重。具体而言，中国企业在境外投资或经营过程中，针对在反洗钱及反恐怖主义融资方面可能面临的风险需要从以下两个方面进行改进。

首先是要充分了解当地反洗钱及反恐怖主义融资方面的立法情况及执法和监管政策，了解当地法律对外资企业在该方面的要求，制定有针对性的法律风险防控方案。美国、欧盟及其他国家对于企业在反洗钱及反恐怖主义融资方面施加的义务或要求企业达到的标准并不必然相同，同时也需要明白目前中国反洗钱立法对于企业的要求标准远低于发达国家或地区的水平，因此，中国企业需要充分认识到在境外任何一个国家或地区，应对当地反洗钱执法机关的监督和调查都是一个新的起点，甚至没有成熟经验可循，需要前期进行充分的了解和评估。

其次是应当从企业长远经营发展的角度出发，来充分评估经营效益以及违反反洗钱及反恐怖主义融资相关法律的成本。以美国为例，其联邦或州的执法机关针对洗钱或恐怖主义融资行为的罚款额度都相对较高，且其责任主体从企业本身扩及到了相应的高管人员，不仅如此，其针对违法主体的处罚措施还包括资格限制（例如，法国巴黎银行被禁止通过其纽约和美国其他的子公司作美元结算业务为期一年）、持续监督或整改等，这些措施给企业经营带来的隐性成本以及后续的连锁反应和持续负面影响甚至是不可估量的，简单从经济成本或罚款数额出发来评估这些措施对企业的影响或进行相关决策，在趋严的监管背景下显然具有很大的局限性。

图书在版编目（CIP）数据

中国企业全面合规体系建设实务指南/刘相文等著. -- 北京：中国人民大学出版社，2019.11

ISBN 978-7-300-27620-5

Ⅰ.①中… Ⅱ.①刘… Ⅲ.①企业管理—体系建设—中国—指南 Ⅳ.①F279.23-62

中国版本图书馆 CIP 数据核字（2019）第 234966 号

中国企业全面合规体系建设实务指南

刘相文　王德昌　刁维俣　赵　超　王　涛　著

Zhongguo Qiye Quanmian Hegui Tixi Jianshe Shiwu Zhinan

出版发行	中国人民大学出版社		
社　　址	北京中关村大街 31 号	**邮政编码**	100080
电　　话	010－62511242（总编室）		010－62511770（质管部）
	010－82501766（邮购部）		010－62514148（门市部）
	010－62515195（发行公司）		010－62515275（盗版举报）
网　　址	http://www.crup.com.cn		
经　　销	新华书店		
印　　刷	北京联兴盛业印刷股份有限公司		
规　　格	148 mm×210 mm　32 开本	**版　　次**	2019 年 11 月第 1 版
印　　张	5.875 插页 2	**印　　次**	2021 年 9 月第 3 次印刷
字　　数	126 000	**定　　价**	58.00 元